Todos los libros de Linkgua Ediciones cuentan con modelos de Inteligencia Artificial entrenados por hispanistas. Pregúntale al chat de tu libro lo que desees acerca de la obra o su autor/a.

Para **ebooks**: Accede a nuestro modelo de IA a través de este enlace.

Para **libros impresos**: Escanea el código QR de la portada con tu dispositivo móvil.

Obtén análisis detallados de nuestros libros, resúmenes, respuestas a tus preguntas y accede a nuestras ediciones críticas generativas para una experiencia de lectura más enriquecedora.
La transparencia y el respeto hacia la autoría de las fuentes utilizadas son distintivos básicos de nuestro proyecto. Por ello, las respuestas ofrecen, mediante un sistema de citas, las fuentes con las que han sido elaboradas.

Alonso de Ercilla y Zúñiga

La Araucana

Parte II

Barcelona **2024**
Linkgua-ediciones.com

Créditos

Título original: La Araucana.

© 2024, Red ediciones S.L.

e-mail: info@linkgua.com

Diseño de cubierta: Michel Mallard.

ISBN rústica: 978-84-9816-727-6.
ISBN ebook: 978-84-9897-077-7.

Cualquier forma de reproducción, distribución, comunicación pública o transformación de esta obra solo puede ser realizada con la autorización de sus titulares, salvo excepción prevista por la ley. Diríjase a CEDRO (Centro Español de Derechos Reprográficos, www.cedro.org) si necesita fotocopiar, escanear o hacer copias digitales de algún fragmento de esta obra.

Sumario

Créditos _____ **4**

Brevísima presentación _____ **7**
    La vida _____ 7
    El texto _____ 7

Segunda parte _____ **9**

Al lector _____ **11**

Canto XVI _____ **13**

Canto XVII _____ **33**

Canto XVIII _____ **49**

Canto XIX _____ **67**

Canto XX _____ **81**

Canto XXI _____ **109**

Canto XXII _____ **123**

Canto XXIII _____ **137**

Canto XXIV _____ **159**

Canto XXV _____ **195**

Canto XXVI _____ **215**

Canto XXVII _____ **229**

Canto XXVIII _____ **245**

Canto XXIX _____ **263**

Libros a la carta _____ **277**

Brevísima presentación

La vida
Alonso de Ercilla y Zúñiga (Madrid, 1533-1594). España.

Hijo de una familia noble, acompañó como paje al príncipe Felipe en sus viajes a Inglaterra y Flandes. En 1554 se fue a América, donde participó en la conquista de Chile. De regreso a España (1563) entró de nuevo al servicio del rey y desempeñó diversas misiones diplomáticas. Perteneció a la Orden de Santiago (1571) y fue uno de los hombres más ricos de su tiempo.

El texto
La experiencia americana de Ercilla le inspiró su poema épico La Araucana, escrito en octavas reales y dividido en tres partes (1569, 1578 y 1589). Este es uno de los libros salvados en el capítulo VI del Quijote y el primer texto poético europeo en el que América es un tema literario. Ercilla relata las cruentas luchas sostenidas en Chile entre araucanos y españoles, y describe el lugar y las costumbres de los indígenas.

La narración impresiona por la precisa descripción de paisajes y batallas, y los certeros retratos de los jefes araucanos. Se intercalan digresiones, según un procedimiento habitual en la lírica culta: relato de las batallas de Lepanto y San Quintín, descripción de ciudades famosas, la leyenda de Dido o una justificación política de las pretensiones de Felipe II a la corona portuguesa. Aunque Ercilla afirma ser testigo de las escenas que cuenta, el relato histórico muestra con frecuencia la influencia de las lecturas épicas del autor, con formación literaria.

La obra tiene varios protagonistas, Lautaro y Caupolicán entre los indígenas araucanos, y Pedro de Valdivia, García Hurtado de Mendoza, Pedro de Villagra o el propio Ercilla por el lado español.

Sin embargo, se da más relieve individual y heroico a los primeros, y se destacan sus virtudes por encima de sus adversarios.

Segunda parte

Al lector

Por haber prometido de proseguir esta historia, no con poca dificultad y pesadumbre la he continuado; y aunque esta Segunda Parte de LA ARAUCANA no muestre el trabajo que me cuesta, todavía quien la leyere podrá considerar el que se habrá pasado en escribir dos libros de materia tan áspera y de poca variedad, pues desde el principio hasta el fin no contiene sino una mesma cosa, y haber de caminar siempre por el rigor de una verdad y camino tan desierto y estéril, paréceme que no habrá gusto que no se canse de seguirme. Así temeroso desto, quisiera mil veces mezclar algunas cosas diferentes; pero acordé de no mudar estilo, porque lo que digo se me tomase en descuento de las faltas que el libro lleva, autorizándole con escribir en él el alto principio que el Rey nuestro señor dio a sus obras con el asalto y entrada de Sanquintín, por habernos dado otro aquel mismo día los araucanos en el fuerte de la Concepción. Asimismo trato el rompimiento de la batalla naval que el señor don Juan de Austria venció en Lepanto. Y no es poco atrevimiento querer poner dos cosas tan grandes en lugar tan humilde; pero todo lo merecen los araucanos, pues ha más de treinta años que sustentan su opinión, sin jamás habérseles caído las armas de las manos, no defendiendo grandes ciudades y riquezas, pues de su voluntad ellos mismo han abrasado las casas y haciendas que tenían, por no dejar qué gozar al enemigo; mas solo defienden unos terrones secos (aunque muchas veces humedecidos con nuestra sangre) y campos incultos y pedregosos. Y siempre permaneciendo en su firme propósito y entereza, dan materia larga a los escritores. Yo dejo mucho y aun lo más principal por escribir, para el que quisiere tomar trabajo de hacerlo, que el mío le doy por bien empleado, si se recibe con la voluntad que a todos le ofrezco.

Canto XVI

En este canto se acaba la tormenta. Contiénese la entrada de los españoles en el Puerto de la Concepción e isla de Talcaguano; el consejo general que los indios en el valle de Ongolmo tuvieron; la diferencia que entre Peteguelén y Tucapel hubo. Asimismo el acuerdo que sobre ella se tomó

    Salga mi trabajada voz y rompa
el són confuso y mísero lamento
con eficacia y fuerza que interrompa
el celeste y terrestre movimiento.
La fama con sonora y clara trompa,
dando más furia a mi cansado aliento
derrame en todo el orbe de la tierra
las armas, el furor y nueva guerra.

    Dadme, ioh sacro Señor!, favor, que creo
que es lo que más aquí puede ayudarme,
pues en tan grande peligro ya no veo
sino vuestra fortuna en que salvarme.
Mirad dónde me ha puesto el buen deseo,
favoreced mi voz con escucharme,
que luego el bravo mar, viéndoos atento,
aplacará su furia y movimiento.

    Y a vuestra nave el rostro revolviendo,
la socorred en este grande aprieto,
que, si decirse es lícito, yo entiendo
que a vuestra voluntad todo es sujeto;
aunque el soberbio mar, contraveniendo
de los hados el áspero decreto,
arrancando las peñas de su suelo
mezcle sus altas olas con el cielo.

    Espero que la rota nave mía
ha de arribar al puerto deseado,
a pesar de los hados y porfía
del contrapuesto mar y viento airado

que procuran así impedir la vía,
y diferir el término llegado
en que la antigua causa tan reñida
por vuestra parte había de ser vencida.

    Los cuatro poderosos elementos
contra la flaca nave conjurados,
traspasando sus términos y asientos,
iban del todo ya desordenados:
indómitos, airados y violentos,
removidos, revueltos y mezclados
en su antigua discordia y fuerza entera,
como en el caos y confusión primera.

    Pues de tantos contrarios combatida,
la quebrantada nave forcejando,
iba casi de un lado sumergida,
las poderosas olas contrastando;
mas ya al furioso viento y mar rendida,
sin poder resistir, se va acercando
a los yertos peñascos levantados
de las violentas olas azotados.

    Con la congoja del morir presente,
las voces y las lástimas crecían,
que llevadas del céfiro inclemente
lejos las rocas cóncavas herían:
pilotos, marineros y la gente,
como locos, sin orden discurrían.
Unos dicen: «¡alarga!» y otros: «¡iza!»,
quién por ir a la escota va a la triza.

    El uno con el otro se atraviesa
y así turbado del temor se impide;
quién a públicas voces se confiesa
y a Dios perdón de sus errores pide;
quién hace voto espreso, quién promesa;
quién de la ausente madre se despide,

haciendo el gran temor siempre mayores
los lamentos, plegarias y clamores.
  Por otra parte el cielo riguroso
del todo parecía venir al suelo,
y el levantado mar tempestuoso
con soberbia hinchazón subir al ciclo.
¿Qué es esto, Eterno Padre Poderoso?
¿Tanto importa anegar un navichuelo
quel mar, el viento y cielo de tal modo
pongan su fuerza estrema y poder todo?
  No la barca de Amiclas asaltada
fue del viento y del mar con tal porfía,
que aunque de leños frágiles armada
el peso y ser del mundo sostenía.
Ni la nave de Ulises, ni la armada
que de Troya escapó el último día
vieron con tal furor el viento airado,
ni el removido mar tan levantado.
  La confianza y ánimo más fuerte
al temor se entregaban importuno,
que la espantosa imagen de la muerte
se le imprimió en el rostro a cada uno;
del todo ya rendidos a su suerte,
sin esperanza de remedio alguno,
el gobierno dejaban a los hados
corriendo acá y allá desatinados,
  cuando un golpe de mar incontrastable,
bramando, en un turbión de viento envuelto,
rompió de la gran mura un grueso cable,
cubriendo el galeón ya todo vuelto.
Pero aquí sucedió un caso notable
y fue que el puño del trinquete suelto
trabó del gran vaivén a la pasada
el un diente de la áncora amarrada,

y cual si fuera estaca mal asida,
la arranca de su asiento y la arrebata
y acá y allá del viento sacudida
todo lo abate, rompe y desbarata.
Mas Dios, que de los suyos no se olvida,
(aunque a las veces su favor dilata)
hizo que en el bauprés dichosamente
el áncora aferrase el corvo diente.
    La vela se fijó y en el momento
gobernó el galeón rumbo derecho,
y a despecho del mar y recio viento,
botando a orza el timón, salió al levecho.
Fue tanto nuestro súbito contento,
que el temeroso inadvertido pecho
pudo sufrir difícilmente a un punto
el estremo de pena y gozo junto.
    Luego, pues, que la súbita alegría
lanzó fuera al temor desconfiado,
y a su lugar volvió la sangre fría
que había los miembros ya desamparado,
la esforzada y contrita compañía,
el rostro al cielo en lágrimas bañado,
con oración devota y sacrificio
dio las gracias a Dios del beneficio.
    Mas el hinchado mar embravecido
y el indómito viento rebramando,
al bajel acometen con ruido,
en vano, aunque se esfuerzan, porfiando
que, la fortuna de Felipe, asido
a jorro, ya le lleva remolcando
sobre las altas olas espumosas,
aun de anegar los cielos deseosas.
    En esto, la cerrada niebla escura
por el furioso viento derramada,

descubrimos al este la Herradura,
y al sur la isla de Talca levantada.
Reconocida ya nuestra ventura
y la araucana tierra deseada,
viendo el morro de Penco descubierto,
arribamos a popa sobre el puerto;
 el cual está amparado de una isleta
que resiste al furor del norte airado,
y los continuos golpes de mareta
que le baten furiosas de aquel lado.
La corva y larga punta una caleta
hace y seno tranquilo y sosegado,
do las cansadas naves, como digo,
hallan seguro albergue y dulce abrigo.
 La nave sin gobierno destrozada,
surgió al alto reparo de una sierra
en gruesa amarra y áncora afirmada
que con tenace diente aferró tierra.
Apenas la alta vela fue amainada
cuando el alegre estruendo de la guerra
nos estendió, tocando en los oídos,
los ánimos y niervos encogidos.
 La isleta es habitada de una gente
esforzada, robusta y belicosa,
la cual, viendo una nave solamente
venida allí por suerte venturosa,
gritando «¡guerra!, ¡guerra!», alegremente
toma las fieras armas y furiosa,
con gran rebato y priesa repentina
corre en tropel confuso a la marina.
 En la falda de un áspero recuesto
en formado escuadrón se representa,
y nosotros, con ánimo dispuesto
a cualquiera peligro y grande afrenta,

arremetimos a las armas presto,
que el trabajo pasado y la tormenta
nos hizo a todos estimar en nada
cualquier otro peligro y gran jornada.
  Con recobrado aliento y nuevo brío
corrimos al batel, de la manera
que si lejos de tierra en un bajío
encallada la nave ya estuviera;
y por los anchos lados el navío
sus dos grandes bateles echó fuera,
en los cuales saltamos tanta gente
cuanta pudo caber estrechamente.
  No es poético adorno fabuloso
mas cierta historia y verdadero cuento,
ora fuese algún caso prodigioso
o estraño agüero y triste anunciamiento,
ora violencia de astro riguroso,
ora inusado y rapto movimiento,
ora el andar el mundo, y es más cierto,
fuera de todo término y concierto;
    que el viento ya calmaba, y en poniendo
el pie los españoles en el suelo,
cayó un rayo de súbito, volviendo
en viva llama aquel ñubloso velo;
y en forma de lagarto discurriendo,
se vio hender una cometa el cielo;
el mar bramó, y la tierra resentida
del gran peso gimió como oprimida.
  Cortó súbito allí un temor helado
la fuerza a los turbados naturales,
por siniestro pronóstico tomado
de su ruina y venideros males,
viendo aquel movimiento desusado
y los prodigios tristes y señales

que su destrozo y pérdida anunciaban
y a perpetua opresión amenazaban.
   Desto medrosos, aguardar no osaron,
que, soltando las armas ya rendidas,
del cerrado escuadrón se derramaron,
procurando salvar las tristes vidas;
el patrio nido al fin desampararon
y con mujeres, hijos y comidas,
por secretos caminos y senderos
se escaparon en balsas y maderos.
   Luego los nuestros, sin parar corriendo,
las casas yermas, chozas y moradas
iban en todas partes descubriendo,
las rústicas viandas levantadas,
y con gran diligencia previniendo
los caminos, las sendas y paradas,
por cavernas y espesos matorrales
buscaban los ausentes naturales,
   donde en breve sazón fueron hallados
algunos pobres indios escondidos,
otros en pueblezuelos salteados,
que aun no estaban del miedo apercebidos.
Mas con buen tratamiento asegurados,
dándoles jotas, llautos y vestidos
y palabras de amor, los aquietaban
y a sus casas de paz los enviaban:
   dándoles a entender que nuestro intento
y causa principal de la jornada
era la religión y salvamento
de la rebelde gente bautizada
que en desprecio del Santo Sacramento,
la recebida ley y fe jurada
habían pérfidamente quebrantado
y las armas ilícitas tomado;

    pero que si quisiesen convertirse
a la cristiana ley que antes tenían,
y a la fe quebrantada reducirse
que al grande Carlos Quinto dado habían,
en todas las más cosas convertirse
a su provecho y cómodo podrían,
haciéndoles con prendas firme y cierto
cualquier partido lícito y concierto.
    Luego los instrumentos convenientes
al uso militar y a la vivienda
sacamos en las partes competentes,
que no hay quien nos lo impida ni defienda;
donde todos a un tiempo diligentes,
cuál arma, pabellón, cuál toldo o tienda,
quién fuego enciende y en el casco usado
tuesta el húmido trigo mareado.
    La negra noche horrenda y espantosa,
cubriendo tierra y mar, cayó del cielo,
dejando antes de tiempo presurosa
envuelto el mundo en tenebroso velo;
no quedo pabellón, tienda ni cosa
que el viento allí no la abatiese al suelo,
pareciendo con nuevo movimiento
desencasar la isleta de su asiento,
    hasta que el tardo y deseado día
las nubes desterró y dejó sereno
el cielo, revistiendo de alegría
el aire escuro y húmido terreno;
luego la trabajada compañía,
conociendo el instable tiempo bueno,
procura reparar con diligencia
del riguroso invierno la violencia.
    Unos presto destechan los pajizos
albergues de los indios ausentados;

otros con tablas, ramas y carrizos
al nuevo alojamiento van cargados,
y sobre troncos de árboles rollizos
en las hondas arenas afirmados,
gran número de ranchos levantamos
y en breve espacio un pueblo fabricamos.
   Del modo que se veen los pajarillos
de la necesidad misma instruidos,
por trechos y apartados rinconcillos
tejer y fabricar los pobre nidos,
que de pajas, de plumas y ramillos
van y vienen, los picos impedidos,
así en el yermo y descubierto asiento
fabrica cada cual su alojamiento.
   Ya que todos, Señor, nos alojamos
en el húmido sitio pantanoso
y con industria y arte reparamos
la furia del invierno riguroso,
las necesarias armas aprestamos,
soltando con estrépito espantoso
la gruesa y reforzada artillería
que en torno tierra y mar temblar hacía.
   En las remotas bárbaras naciones
el grande estruendo y novedad sintieron:
pacos, vicuñas, tigres y leones
acá y allá medrosos discurrieron;
los delfines, nereidas y tritones
en sus hondas cavernas se escondieron,
deteniendo confusos sus corrientes
los presurosos ríos y las fuentes.
   Sintióse en el Estado la estampida
y algunos tan atónitos quedaron,
que la dura cerviz, nunca oprimida,
sobre los yertos pechos inclinaron.

Así avisados ya de la venida,
los instrumentos bélicos tocaron,
descogiendo por todas las riberas
sus lucidos pendones y banderas.
  En el valle de Ongolmo congregados
los deciséis caciques araucanos
y algunos capitanes señalados
de los interesados comarcanos,
todos en general deliberados
de venir con nosotros a las manos;
sobre el lugar, el tiempo y aparejo
entraron los caciques en consejo.
  Rengo también con ellos, que admitido
fue al consejo de guerra por valiente,
que, si ya os acordáis, quedó aturdido
en Mataquito entre la muerta gente;
pero volvió después en su sentido,
y al cabo se escapó dichosamente
que, aunque falto de sangre, tuvo fuerte
contra la furia de la airada muerte.
  Caupolicán, en medio dellos puesto,
a todos con los ojos rodeando,
que con silencio y ánimo dispuesto
estaban sus razones aguardando,
con sesgo pecho y con sereno gesto,
la voz en tono grave levantando,
rompió el mudo silencio y echó fuera
el intento y furor desta manera:
  «Esforzados varones, ya es venido
(según vemos las muestras y señales),
aquel felice tiempo prometido
en que habemos de hacernos inmortales;
que la fortuna próspera ha traído
de las últimas partes orientales

tantas gentes en una compañía
para que las venzáis en solo un día;
  y a costa y precio de su sangre y vidas
del todo eternicéis vuestras espadas,
y nuestras viejas leyes oprimidas
sean en su libre fuerza restauradas;
que por remotos reinos estendidas
han de ser inviolables y sagradas,
viviendo en igualdad debajo dellas
cuantos viven debajo las estrellas.
  Y pues que con tan loco pensamiento
estas gentes se os han desvergonzado
y en vuestra tierra y defendido asiento
las banderas tendidas han entrado,
es bien que el insolente atrevimiento
quede con nuevo ejemplo castigado
antes que, dando cuerda a su esperanza,
les dé fuerza y consejo la tardanza.
  Así, en resolución me determino
(si, señores, también os pareciere)
que demos con asalto repentino
sobre ellos lo mejor que ser pudiere.
Y nadie piense que hay otro camino
sino el que con su fuerza y brazo abriere,
que las rabiosas armas en las manos
los han de dar por justos o tiranos».
  A la plática fin con esto puso
y el buen Peteguelén, viejo severo,
por más antiguo su razón propuso
como soldado y sabio consejero,
diciendo: «¡Oh capitanes!, no rehuso
de derramar mi sangre yo el primero,
que aunque por mi vejez parezca helada,
en el pecho me hierve alborotada;

pero sola una cosa me detiene
haciéndome dudar el rompimiento,
y es la cierta noticia que se tiene
que es mucha gente y mucho el regimiento;
así que claro vemos que conviene
gran resistencia a grande movimiento;
que siempre de estimar poco las cosas
suceden las dolencias peligrosas.
 Que pues el sitio y puesto que han tomado
es por natura fuerte y recogido
del mar y altos peñascos rodeado,
por todas partes libre y defendido,
será de más provecho y acertado
que a su plática y trato deis oído,
y que no se les niegue y contradiga
pues que solo el oír a nadie obliga.
 Que no podrá dañar y en el comedio
podréis apercebir y juntar gente,
y en secreto aprestar para el remedio
todo lo necesario y conveniente;
en las cosas difíciles dar medio,
proveer a cualquiera inconveniente,
atajar y romper los pasos llanos
y al cabo remitirnos a las manos...»
 No pudo decir más; que ardiendo en ira
el bravo Tucapel con voz furiosa
diciendo le atajó: «Quien tanto mira
jamás emprenderá jornada honrosa
y si todo el Estado se retira
por parecerle que ésta es peligrosa,
yo solo tomaré sin compañía
las armas, causa y cargo a cuenta mía.
 ¿Por ventura tenéis desconfianza
de vuestras propias fuerzas tan probadas,

pues en cuanto arrojar pueden la lanza
y rodear los brazos las espadas,
dais causa que se note en vos mudanza
y que vuestras vitorias mancilladas
queden con bajo y mísero partido
y nuestro honor y crédito ofendido?
   Pues entended que mientras yo tuviere
fuerza en el brazo y voz en el senado,
diga Peteguelén lo que quisiere,
que esto ha de ser por armas sentenciado.
Y quien otro camino pretendiere
primero le abrirá por mi costado,
que esta ferrada maza y no oraciones
les ha de dar las causas y razones.
   Si los que así os preciáis de bien hablados
el ánimo os bastare y el denuedo
de combatir sobre esto en campo armados,
os probaré más claro lo que puedo;
mas queréisos mostrar tan concertados
que llamando prudencia a lo que es miedo,
por no poner en riesgo vuestra vida
a todo con parlar daréis salida».
   Peteguelén responde: «Pues no halla
nunca en ti la razón acogimiento,
yo solo, viejo, quiero la batalla
y castigar tu loco atrevimiento:
de piel curtida armados o de malla,
con lanza, espada o maza a tu contento,
para mostrar que en justas ocasiones
tengo más largas manos que razones».
   ¡Quién pudiera pintar el rostro esquivo
que Tucapel mostraba contra el cielo!
Lanzando por los ojos fuego vivo,
no se dignando de mirar al suelo

dijo: «Al fin pensamiento tan altivo
ya es digno del furor de Tucapelo;
mas por mi honor y por tu edad querría
que metieses contigo compañía».
  El viejo respondió: «Jamás de ajenas
fuerzas en ningún tiempo me he ayudado,
ni de sangre aún están vacías mis venas,
ni siento el brazo así debilitado
que no te piense dar las manos llenas».
Mas Rengo su sobrino, levantado,
se atravesó diciendo: «El desafío
aceto yo, si quieres, por mi tío».
  «Quiérolo, pido y soy dello contento
-gritaba Tucapel-, y a diez contigo».
Mas saltando Orompello de su asiento,
dijo: «Tú lo has de haber, Rengo, comigo».
-«También emendaré tu atrevimiento,»
responde el fiero Rengo, «y más te digo,
que en poco tu amenaza y campo estimo
después que haya acabado el de tu primo».
  Tucapelo le dijo: «Castigarte
pienso de tal manera yo primero,
que le cabrá a Orompello poca parte,
que, a bien librar, serás mi prisionero.
¡Afuera!, ¡afuera!, ¡sús!, haceos aparte,
que dilatar el término no quiero
pues armas, tiempo y voluntad tenemos,
sino que luego aquí lo averigüemos».
  Rengo y Peteguelén le respondieran
a un tiempo con las armas y razones,
si en medio a la sazón no se pusieran
muchos caciques nobles y varones,
pidiendo que suspendan y difieran
aquellas amenazas y quistiones,

hasta que la fortuna declarada
diese próspero fin a la jornada.
   Caupolicán estaba ya impaciente
de ver que Tucapelo cada día,
en guerra, en paz, con término insolente,
sin causa ni atención los revolvía;
mas hubo de llevarlo blandamente,
que el tiempo y la sazón lo requería,
y así con gravedad y manso ruego
la furia mitigó y apagó el fuego
   quedando entre ellos puesto y acetado
que luego que la guerra concluyesen,
el viejo y Tucapel en estacado
francos de solo a solo combatiesen.
Después, que Tucapel y Rengo armado
ansimismo su causa difiniesen.
El rumor aplacado, Colocolo
les comenzó a decir, hablando solo:
   «Generosos caciques, si licencia
tenemos de decir lo que alcanzamos
los que por largos años y esperiencia
los futuros sucesos rastreamos,
vemos que nuestras fuerzas y potencia
en solo destruirnos las gastamos
y el tirano cuchillo apoderado
sobre nuestras gargantas levantado.
   Y lo que da señal clara que sea
cierta vuestra caída y mi recelo,
es que ya la fortuna titubea
y comienza a turbarse nuestro cielo.
Cuando un gran edificio se ladea
no está muy lejos de venir al suelo;
la máquina que en falso asiento estriba
su misma pesadumbre la derriba.

Así que ya, si mi opinión no yerra,
según el proceder y los indicios,
temo, y con gran razón, de ver por tierra
nuestros mal cimentados edificios
y convertido el uso de la guerra
en serviles y bajos ejercicios,
quebrantándose, al fin, vuestra protervia
fundada en una vana y gran soberbia.
   Muerto a Lautaro vemos, y perdidas
con gran deshonra nuestras tres banderas,
rotas nuestras escuadras y tendidas
al viento y Sol por pasto de las fieras;
las fuerzas y opiniones divididas,
lleno el campo de gentes estranjeras,
y las furiosas armas alteradas
contra sus mismos pechos declaradas.
   Mirad que así, por ciega inadvertencia
la patria muere y libertad perece,
pues con sus mismas armas y potencia
al derecho enemigo favorece;
incurable y mortal es la dolencia
cuando a la medicina no obedece,
y bestial la pasión y detestable
que no sufre el consejo saludable.
   ¿Por qué con tanta saña procuramos
ir nuestra sangre y fuerzas apocando,
y, envueltos en civiles armas, damos
fuerza y derecho al enemigo bando?
¿Por qué con tal furor despedazamos
esta unión invencible, condenando
nuestra causa aprobada y armas justas,
justificando en todo las injustas?
   ¿Qué rabia o qué rencor desatinado
habéis contra vosotros concebido,

que así queréis que el araucano Estado
venga a ser por sus manos destruido,
y en su virtud y fuerzas ahogado,
quede con nombre infame sometido
a las estrañas leyes y gobierno,
y en dura servidumbre y yugo eterno?
  Volved sobre vosotros, que sin tiento
corréis a toda priesa a despeñaros;
refrenad esa furia y movimiento,
que es la que puede en esto más dañaros.
¿Sufrís al enemigo en vuestro asiento,
que quiere como a brutos conquistaros,
y no podéis sufrir aquí impacientes
los consejos y avisos convenientes?
  Que es, cierto, falta de ánimo, y bastante
indicio de flaqueza disfrazada,
teniendo al enemigo tan delante
revolver contra sí la propia espada,
por no esperar con ánimo constante
los duros golpes de fortuna airada,
a los cuales resiste el pecho fuerte
que no quiere acabarlo con la muerte.
  Pero pues tanto esfuerzo en vos se encierra
que a veces, por ser tanto, lo condeno,
y de vuestras hazañas, no esta tierra
mas todo el universo anda ya lleno,
cese, cese el furor y civil guerra
y por el bien común tened por bueno
no romper la hermandad con torpes modos
pues que miembros de un cuerpo somos todos.
  Si a la cansada edad y largos días
algún respeto y crédito se debe,
mirad a estas antiguas canas mías
y al bien público y celo que me mueve,

para que difiráis vuestras porfías
por alguna sazón y tiempo breve,
hasta que el español furor decline,
y la causa común se determine.
 Y, pues, de vuestra discreción espero
que os pondrá en el camino que conviene,
traer otras razones más no quiero
pues con vos la razón tal fuerza tiene.
Dejadas pues aparte, lo primero
que venir a las manos nos detiene
y pone freno y límite al deseo
es el poco aparejo que aquí veo.
 Que por todas las partes nos divide
este brazo de mar que veis en medio
y nuestra pretensión y paso impide,
sin tener de pasaje algún remedio;
y pues el enemigo se comide
a tratar de concierto y nuevo medio,
aunque nunca pensemos acetarlos,
no nos podrá dañar el escucharlos.
 Pues por este camino tomaremos
lengua de su intención y fundamento
que, cuando no sea lícita, podremos
venir de todo en todo a rompimiento;
también en este término haremos
de armas y munición preparamento,
que éstas serán al fin las que de hecho
habrán de declarar este derecho.
 Mas conviene advertir, claros varones,
para llevar las cosas bien guiadas,
que nuestras exteriores intenciones
vayan siempre a la paz enderezadas;
mostrándonos de flacos corazones,
las fuerzas y esperanzas quebrantadas,

y la tierra de minas de oro rica,
cebo goloso en que esta gente pica.
   Quizá por este término sacalla
podremos del isleño sitio fuerte,
y con fingida paz aseguralla
trayéndola por mañas a la muerte;
y sin rumor ni muestra de batalla
abramos la carrera de tal suerte
que venga a tierra firme, confiada
en el seguro paso y franca entrada».
   A su habla dio fin el sabio anciano
y hubo allí pareceres diferentes,
diciendo que el peligro era liviano
para tanto temor e inconvenientes;
pero Purén, Lincoya y Talcaguano,
Lemolemo, Elicura, más prudentes,
al parecer del viejo se arrimaron
y así a los más los menos se allanaron,
   despachando de allí con diligencia
al joven Millalauco generoso,
hombre de gran lenguaje y esperiencia
cauto, sagaz, solícito y mañoso,
que con fingida muestra y aparencia
de algún partido honesto y medio honroso
nuestro intento y disignios penetrase
y el sitio, gente y número notase.
   El cual, por los caciques instruido
(según el tiempo) en lo que más convino,
en una larga góndola metido,
sin más se detener tomó el camino;
y de los prestos remos impelido,
en breve a nuestro alojamiento vino,
adonde sin estorbo, libremente,
saltó luego seguro con su gente.

Al puerto habían también con fresco viento
tres naves de las nuestras arribado
llenas de armas, de gente y bastimento,
con que fue nuestro campo reforzado.
Era tanto el rumor y movimiento
del bélico aparato, que admirado
el cauteloso Millalauco estuvo
y así confuso un rato se detuvo.
   Mas sin darlo a entender, disimulando,
por medio del bullicio atravesaba;
los judiciosos ojos rodeando,
las armas, gente y ánimos notaba
y el negocio entre sí considerando,
el deseado fin dificultaba,
viendo cubierto el mar, llena la tierra
de gente armada y máquinas de guerra.
   Llegado al pabellón de don García,
hallándome con otros yo presente,
con una moderada cortesía
nos saludó a su modo, alegremente
levantando la voz... Pero la mía,
que fatigada de cantar se siente,
no puede ya llevar un tono tanto
y así es fuerza dar fin en este canto.

Canto XVII

Hace Millalauco su embajada. Salen los españoles de la isla, levantando un fuerte en el cerro de Penco. Vienen los araucanos a darles el asalto. Cuéntase lo que en aquel mismo tiempo pasaba sobre la plaza fuerte de Sanquintín

Nunca negarse deben los oídos
a enemigos ni amigos sospechosos,
que tanto os dejan más apercebidos
cuanto vos los tenéis por cautelosos.
Escuchados, serán más entendidos,
ora sean verdaderos o engañosos;
que siempre por señales y razones
se suelen descubrir las intenciones.
  Cuando piensan que más os desatinan
con su máscara falsa y trato estraño,
os despiertan, avisan, encaminan
y encubriendo, descubren el engaño;
veis el blanco y el fin a donde atinan,
el pro y el contra, el interés y el daño;
no hay plática tan doble y cautelosa
que della no se infiera alguna cosa.
  Y no hay pecho tan lleno de artificio
que no se le penetre algún conceto,
que las lenguas al fin hacen su oficio
y más si el que oye sabe ser discreto.
Nunca el hablar dejó de dar indicio
ni el callar descubrió jamás secreto:
no hay cosa más difícil, bien mirado,
que conocer un necio si es callado.
  Y es importante punto y necesario
tener el capitán conocimiento
del arte y condición del adversario,
de la intención, disignio y fundamento:
si es cuerdo y reportado o temerario,

de pesado o ligero movimiento,
remiso o diligente, incauto o astuto,
vario, indeterminable o resoluto.

   Así vemos que el bárbaro Senado
por saber la intención del enemigo
al cauto Millalauco había enviado
debajo de figura y voz de amigo,
que con semblante y ánimo doblado,
mostrándose cortés, como atrás digo,
el rostro a todas partes revolviendo,
alzó recio la voz, así diciendo:

   «Dichoso capitán y compañía,
a quien por bien de paz soy enviado
del araucano Estado y señoría,
con voz y autoridad del gran Senado.
No penséis que el temor y cobardía
jamás nos haya a término llegado
de usar, necesitados de remedio,
de algún partido infame y torpe medio;

   pues notorio os será lo que se estiende
el nombre grande y crédito araucano,
que los estraños términos defiende
y asegura debajo de su mano,
y también de vosotros ya se entiende
que, movidos de celo y fin cristiano,
con gran moderación y diciplina
venís a derramar vuestra dotrina.

   Siendo, pues, esto así, como la muestra
que habéis dado hasta aquí lo verifica,
y la buena opinión y fama vuestra
con claras y altas voces lo publica,
yo os vengo a segurar de parte nuestra,
y así a todos por mí se os certifica
que la ofrecida paz tan deseada

    será por los caciques acetada.
   Que el ínclito Senado, habiendo oído
de vuestra parte algunas relaciones
con sabio acuerdo y parecer, movido
por legítimas causas y razones,
quiere acetar la paz, quiere partido
de lícitas y honestas condiciones,
para que no padezca tanta gente
del pueblo simple y género inocente.
   Que si la fe inviolable y juramento
de vuestra parte con amor pedido
y el gracioso y seguro acogimiento
de nuestra voluntad libre ofrecido
pueden dar en las cosas firme asiento
con honra igual y lícito partido
sin que los nuestros súbditos y estados
vengan por tiempo a ser menoscabados,
   a Carlos sin defensa y resistencia
por amigo y señor le admitiremos,
y el servicio indebido y obediencia
de nuestra voluntad le ofreceremos;
mas si queréis llevarlo por violencia,
antes los propios hijos comeremos
y veréis con valor nuestras espadas
por nuestro mismo pecho atravesadas.
   Pero por trato llano, sin recelo
podréis por vuestro Rey alzar bandera,
que el Estado, las armas por el suelo,
con los brazos abiertos os espera,
reconociendo que el benigno cielo
le llama a paz segura y duradera,
quedando para siempre lo pasado
en perpetuo silencio sepultado».
   Aquí dio fin al razonar, haciendo

a su modo y usanza una caricia,
siempre en su proceder satisfaciendo
a nuestra voluntad y a su malicia;
y el bárbaro poder disminuyendo
nos aumentaba el ánimo y codicia,
dándonos a entender que había flaqueza,
y abundancia de bienes y riqueza.

   Oída la embajada, don García,
haciéndole gracioso acogimiento,
en suma respondió que agradecía
la propuesta amistad y ofrecimiento,
y que en nombre del Rey satisfaría
su buena voluntad con tratamiento
que no solo no fuesen agraviados,
mas de muchos trabajos relevados.

   Hizo luego sacar a dos sirvientes,
por más confirmación, algunos dones,
ropas de mil colores diferentes,
jotas, llautos, chaquiras y listones,
insignias y vestidos competentes
a nobles capitanes y varones,
siendo de Millalauco recebido
con palabras y término cumplido.

   Así que, con semblante y apariencia
de amigo agradecido y obligado,
pidiendo al despedir grata licencia,
a la barca volvió que había dejado,
y con la acostumbrada diligencia
al tramontar del Sol llegó al Estado,
do recebido fue con alegría
de toda aquella noble compañía.

   Visto el despacho y la ocasión presente,
los caciques la junta dividieron,
y dando muestra de esparcir la gente

a sus casas de paz se retrujeron,
adonde sin rumor, secretamente,
las engañosas armas previnieron,
moviendo del común las voluntades,
aparejadas siempre a novedades.
　Nosotros, no sin causa sospechosos,
allí más de dos meses estuvimos,
y a las lluvias y vientos rigurosos
del implacable invierno resistimos;
mas pasado este tiempo, deseosos
de saber su intención, nos resolvimos
en dejar el isleño alojamiento,
haciendo en tierra firme nuestro asiento.
　Ciento y treinta mancebos florecientes
fueron en nuestro campo apercebidos:
hombres trabajadores y valientes
entre los más robustos escogidos,
de armas y de instrumentos convenientes
secreta y sordamente prevenidos;
yo con ellos también, que vez ninguna
dejé de dar un tiento a la fortuna,
　para que en un pequeño cerro esento
sobre la mar vecina relevado,
levantasen un muro de cimiento
de fondo y ancho foso rodeado,
donde pudiese estar sin detrimento
nuestro pequeño ejército alojado,
en cuanto los caballos arribaban,
que ya teníamos nueva que marchaban.
　Pues salidos a tierra, entenderían
la intención de los bárbaros dañada,
que en secreto las armas prevenían
con falso rostro y amistad doblada:
de do, si se moviesen, les darían

algún asalto y súbita ruciada
que, quebrantado el ánimo y denuedo,
viniesen a la paz de puro miedo.
  Era imaginación fuera de tino
pensar que los soberbios araucanos
quisiesen de concordia algún camino
viéndose con las armas en las manos;
pero con la presteza que convino
los ciento y treinta jóvenes lozanos
pasaron a la tierra sin ayuda
más que el amparo de la noche muda.
  Y aunque era en esta tierra cuando
Virgo alargaba a priesa el corto día
las variables horas restaurando
que usurpadas la noche le tenía,
antes que la alba fuese desterrando
las noturnas estrellas, parecía
la cumbre del collado levantada
de gente y materiales ocupada.
  Cuáles con barras, picos y azadones
abren los hondos fosos y señales,
cuáles con corvos y anchos cuchillones,
hachas, sierras, segures y destrales
cortan maderos gruesos y troncones,
y fijados en tierra, con tapiales
y trabazón de leños y fajinas
levantan los traveses y cortinas.
  No con tanto hervor la tiria gente
en la labor de la ciudad famosa,
solícita, oficiosa y diligente
andaba en todas partes presurosa;
ni César levantó tan de repente
en Dirrachio la cerca milagrosa
con que cercó el ejército esparcido

del enemigo yerno inadvertido,
   cuanto fue de nosotros coronada
de una gruesa muralla la montaña,
de fondo y ancho foso rodeada,
con ocho gruesas piezas de campaña,
siendo a vista de Arauco levantada
bandera por Felipe, Rey de España,
tomando posesión de aquel Estado
con los demás del padre renunciado.
   Túvose por un caso nunca oído
de tanto atrevimiento y osadía,
entre la gente plática tenido
más por temeridad que valentía,
que en el soberbio Estado así temido
los ciento y treinta en poco más de un día
pudiésemos salir con una cosa
tanto cuanto difícil peligrosa.
   Nuestra gente del todo recogida,
la cual luego segura al fuerte vino,
que el alto sitio y pólvora temida
hizo fácil y llano aquel camino,
por las anchas cortinas repartida
según y por el orden que convino;
nos pusimos allí todos a una
debajo del amparo de fortuna.
   La pregonera Fama, ya volando
por el distrito y término araucano,
iba de lengua en lengua acrecentando
el abreviado ejército cristiano,
la gente popular amedrentando
con un hueco rumor y estruendo vano,
que lo incierto a las veces certifica,
y lo cierto, si es mal, lo multiplica.
   Llegada, pues, la voz a los oídos

de nuestros enemigos conjurados,
no mirando a los tratos y partidos
por una parte y otra asegurados,
con súbita presteza apercebidos
de municiones, armas y soldados,
sin aguardar a más, trataron luego
de darnos el asalto a sangre y fuego.
 Juntos para el efeto en Talcaguano,
dos millas poco más de nuestro asiento,
el esforzado mozo Gracolano,
de gran disposición y atrevimiento,
dijo en voz alta: «¡Oh gran Caupolicano!,
si en algo es de estimar mi ofrecimiento,
prometo que mañana en el asalto,
arbolaré mi enseña en lo más alto.
 Y porque a ti, señor, y a todos quiero
haceros de mis obras satisfechos,
con esta usada lanza me profiero
de abrir lugar por los contrarios pechos,
y que será mi brazo el que primero
barahuste las armas y pertrechos,
aunque más dificulten la subida
y todo el universo me lo impida».
 Así dijo; y los bárbaros en esto,
porque ya las estrellas se mostraban,
al fuerte, en escuadrón, con paso presto
cubiertos de la noche se acercaban,
y en una gran barranca, oculto puesto,
al pie de la montaña reparaban,
aguardando en silencio aquella hora
que suele aparecer la clara aurora.
 Aquella noche, yo mal sosegado,
reposar un momento no podía,
o ya fuese el peligro o ya el cuidado

que de escribir entonces yo tenía.
Así imaginativo y desvelado,
revolviendo la inquieta fantasía,
quise de algunas cosas desta historia
descargar con la pluma la memoria.
　En el silencio de la noche escura,
en medio del reposo de la gente,
queriendo proseguir en mi escritura
me sobrevino un súbito acidente,
cortóme un hielo cada coyuntura,
turbóseme la vista de repente,
y procurando de esforzarme en vano,
se me cayó la pluma de la mano.
　Quisiérame quejar, mas fue imposible,
del acidente súbito impedido,
que el agudo dolor y mal sensible
me privó del esfuerzo y del sentido.
Pero pasado el término terrible,
y en mi primero ser restituido,
del tormento quedé de tal manera
cual si de larga enfermedad saliera.
　Luego que con sospiros trabajados
desfogando las ansias aflojaron,
mis descaídos ojos agravados
del gran quebrantamiento se cerraron;
así los lasos miembros relajados
al agradable sueño se entregaron,
quedando por entonces el sentido
en la más noble parte recogido.
　No bien al dulce sueño y al reposo
dejado el quebrantado cuerpo había,
cuando oyendo un estruendo sonoroso
que estremecer la tierra parecía,
con gesto altivo y término furioso

delante una mujer se me ponía,
que luego vi en su talle y gran persona
ser la robusta y áspera Belona.

   Vestida de los pies a la cintura,
de la cintura a la cabeza armada
de una escamosa y lúcida armadura,
su escudo al brazo, al lado la ancha espada,
blandiendo en la derecha la asta dura,
de las horribles Furias rodeada,
el rostro airado, la color teñida,
toda de fuego bélico encendida,

   la cual me dijo: «¡Oh mozo temeroso!,
el ánimo levanta y confianza,
reconociendo el tiempo venturoso
que te ofrece tu dicha y buena andanza;
huye del ocio torpe perezoso,
ensancha el corazón y la esperanza;
y aspira a más de aquello que pretendes,
que el cielo te es propicio, si lo entiendes.

   Que viéndote a escribir aficionado
como se muestra bien por el indicio,
pues nunca te han la pluma destemplado
las fieras armas y áspero ejercicio;
tu trabajo tan fiel considerado,
solo movida de mi mismo oficio,
te quiero yo llevar en una parte
donde podrás sin límite ensancharte.

   Es campo fértil, lleno de mil flores,
en el cual hallarás materia llena
de guerras más famosas y mayores,
donde podrá alimentar la vena.
Y si quieres de damas y de amores
en verso celebrar la dulce pena,
tendrás mayor sujeto y hermosura

que en la pasada edad y en la futura.
 "Sígueme", dijo al fin; y yo admirado
viéndola revolver por donde vino,
con paso largo y corazón osado
comencé de seguir aquel camino,
dejando del siniestro y diestro lado
dos montes, que el Atlante y Apenino
con gran parte no son de tal grandeza
ni de tanta espesura y aspereza.
 Salimos a un gran campo, a do natura
con mano liberal y artificiosa
mostraba su caudal y hermosura
en la varia labor maravillosa,
mezclando entre las hojas y verdura
el blanco lirio y encarnada rosa,
junquillos, azahares y mosquetas,
azucenas, jazmines y violetas.
 Allí las claras fuentes murmurando
el deleitoso asiento atravesaban,
y los templados vientos respirando
la verde yerba y flores alegraban;
pues los pintados pájaros volando
por los copados árboles cruzaban,
formando con su canto y melodía
una acorde y dulcísima armonía.
 Por mil partes en corros derramadas
vi gran copia de ninfas muy hermosas,
unas en varios juegos ocupadas,
otras cogiendo flores olorosas;
otras suavemente y acordadas,
cantaban dulces letras amorosas,
con cítaras y liras en las manos
diestros sátiros, faunos y silvanos.
 Era el fresco lugar aparejado

a todo pasatiempo y ejercicio.
Quién sigue ya de aquél, ya deste lado
de la casta Diana el duro oficio:
ora atraviesa el puerco, ora el venado,
ora salta la liebre, y con el vicio,
gamuzas, capriolas y corcillas
retozan por la yerba y florecillas.
  Quién el ciervo herido rastreando
de la llanura al monte atravesaba;
quién el cerdoso puerco fatigando
los osados lebreles ayudaba;
quién con templados pájaros volando
las altaneras aves remontaba:
acá matan la garza allá la cuerva,
aquí el celoso gamo, allí la cierva.
  Estaba medio a medio deste asiento,
en forma de pirámide un collado,
redondo en igual círculo y esento,
sobre todas las tierras empinado.
Y sin saber yo cómo, en un momento,
de la fiera Belona arrebatado,
en la más alta cumbre dél me puso,
quedando dello atónito y confuso.
  Estuve tal un rato, de repente
viéndome arriba, que mirar no osaba,
tanto que acá y allá medrosamente
los temerosos ojos rodeaba;
allí el templado céfiro clemente
lleno de olores varios respiraba,
hasta la cumbre altísima el collado
de verde yerba y flores coronado.
  Era de altura tal que no podría
un liviano neblí subir a vuelo,
y así, no sin temor, me parecía

mirando abajo estar cerca del cielo;
de donde con la vista descubría
la grande redondez del ancho suelo,
con los términos bárbaros ignotos
hasta los más ocultos y remotos.
   Viéndome, pues, Belona allí subido
me dijo: «El poco tiempo que te queda
para que puedas ver lo prometido
hace que detenerme más no pueda:
mira aquel grueso ejército movido,
el negro humo espeso y polvoreda
en el confín de Flandes y de Francia
sobre una plaza fuerte de importancia.
   »Después que Carlos Quinto hubo triunfado
de tantos enemigos y naciones,
y como invicto príncipe hollado
las árticas y antárticas regiones,
triunfó de la fortuna y vano estado
y aseguró su fin y pretensiones
dejando la imperial investidura
en dichosa sazón y coyuntura;
   »y movido del pío y santo celo
que del gobierno público tenía,
pareciéndole poco lo del suelo,
según lo que en el pecho concebía,
vuelta la mira y pretensión al cielo,
el peso que en los hombros sostenía
le puso en los del hijo, renunciados
todos sus reinos, títulos y estados.
   Viendo el hijo la próspera carrera
del vitorioso padre retirado,
por hacer la esperanza verdadera
que siempre de sus obras había dado,
en el principio y ocasión primera

aquel copioso ejército ha juntado,
para bajar de la enemiga Francia
la presunción, orgullo y arrogancia.
　Aquélla es Sanquintín que vees delante
que en vano contraviene a su ruina,
presidio principal, plaza importante,
y del furor del gran Felipe dina.
Hállase dentro della el Almirante,
debajo cuyo mando y diciplina
está gran gente plática de guerra
a la defensa y guarda de la tierra.
　»En tres partes allí, como se muestra,
el enemigo campo se reparte:
Cáceres con su tercio a mano diestra,
donde está de Felipe el estandarte;
el prompto Navarrete a la siniestra
con el conde de Mega, y de la parte
del burgo, Julián con tres naciones:
españoles, tudescos y valones.
　Llegamos, pues, a tiempo que seguro
podrás ver la contienda porfiada,
y sin escalas, por el roto muro
entrar los de Felipe a pura espada;
verás el fiero asalto y trance duro,
y al fin la fuerte Francia aportillada,
que al riguroso hado incontrastable
no hay defensa ni plaza inexpugnable.
　Conviéneme partir de aquí al momento
a meterme entre aquellos escuadrones,
y remover con nuevo encendimiento
los unos y los otros corazones;
tú desde aquí podrás mirar atento
las diferentes armas y naciones
y escribir de una y otra la fortuna,

dando su justa parte a cada una».

    Luego la diosa airada y compañía
por el aire en tropel se deslizaron
y en un instante, sin torcer la vía,
cual presto rayo a Sanquintín bajaron,
donde atizando el fuego que ya ardía,
con la amiga Discordia se juntaron,
que andaba entre las huestes y compañas
infundiéndoles ira en las entrañas.

    En esto el fiero ejército furioso,
por la señal postrera ya movido,
en un turbión espeso y polvoroso
corre al batido muro defendido.
¡Quién fuera de lenguaje tan copioso,
que pudiera esplicar lo que allí vido!
Mas, aunque mi caudal no llegue a tanto,
haré lo que pudiere en otro canto.

Canto XVIII

Da el rey don Felipe el asalto a Sanquintín: entra en ella vitorioso. Vienen los araucanos sobre el fuerte de los españoles

¿Cuál será el atrevido que presuma
reducir el valor vuestro y grandeza
a término pequeño y breve suma,
y a tan humilde estilo tanta alteza?
Que aunque por campo próspero la pluma
corra con fértil vena y ligereza,
tanto el sujeto y la materia arguye
que todo lo deshace y disminuye.

 Y el querer atreverme a tanto creo
que me será juzgado a desatino
pues llegado a razón, yo mismo veo
que salgo de los términos a tino;
mas de serviros siempre el gran deseo
que siempre me ha tirado a este camino,
quizá adelgazará mi pluma ruda
y la torpeza de la lengua muda.

 Y así vuestro favor (del cual procede
esta mi presunción y atrevimiento)
es el que agora pido y el que puede
enriquecer mi pobre entendimiento;
que si por vos, Señor, se me concede
lo que a nadie negáis, soltaré al viento
con ánimo la ronca voz medrosa,
indigna de contar tan grande cosa.

 Y de vuestra largueza confiado
por la justa razón con que lo pido,
espero que, Señor, seré escuchado,
que basta para ser favorecido.
Volviendo a proseguir lo comenzado,
dije en el canto atrás que arremetido

había el furioso campo por tres vías
a las aportilladas baterías.
  Y en la veloz corrida, contrastando
los tiros y defensas contrapuestas,
lo va todo rompiendo y tropellando
con animoso pecho y manos prestas;
y a los batidos muros arribando
por los lados y partes más dispuestas,
los unos y los otros se afrentaron
y los ánimos y armas se tentaron.
  Los franceses con muestra valerosa,
armas y defensivos instrumentos,
resisten la llegada impetuosa
y los contrarios ánimos sangrientos;
mas la gente española, más furiosa
cuanto topaba más impedimentos,
con temoso coraje y porfiado
rompe lo más difícil y cerrado.
  Vieran en las entradas defendidas
gran contienda, revuelta y embarazos,
muertes estrañas, golpes y heridas
de poderosos y gallardos brazos;
cabezas hasta el cuello y más hendidas,
y cuerpos divididos en pedazos:
que no bastaban petos ni celadas
contra el crudo rigor de las espadas.
  La plaza se expugnaba y defendía
con esfuerzo y valor por todos lados:
era cosa de ver la herrería
de las armas y arneses golpeados;
la espantosa y horrenda artillería,
las bombas y artificios arrojados
de pólvora, alquitrán, pez y resina,
aceite, plomo, azufre y trementina.

Y a vueltas, un granizo y lluvia espesa
de lanzas y saetas arrojaban,
peñas, tablas, maderos que a gran priesa
de los muros y techos arrancaban;
la fiera rabia y gran tesón no cesa,
hieren, matan, derriban; y así andaban
los unos y los otros muy revueltos
en fuego, sangre y en furor envueltos.
   Unos la entrada sin temor defienden
con libre y animosa confianza,
otros de miedo por vivir ofenden,
poniéndoles esfuerzo la esperanza;
otros, que ya la vida no pretenden,
procuran de su muerte la venganza,
y que cayan sus cuerpos de manera
que al enemigo cierren la carrera.
   Como el furor indómito y violencia
de una corriente y súbita avenida,
que, si halla reparo y resistencia,
hierve y crece allí la agua detenida,
al fin, con mayor ímpetu y potencia,
bramando abre el camino y la salida,
que las defensas rompe y desbarata
y en violento furor las arrebata,
   de tal manera la francesa gente,
sin bastar resistencia y fuerza alguna,
la arrebató la próspera corriente
del hado de Felipe y su fortuna;
que, ya sin poder más, forzadamente
a su furia rendida, por la una
parte que estaba Cáceres, dio entrada
a la enemiga gente encarnizada.
   Y aunque por esta parte el Almirante
el golpe de la gente resistía,

no fue ni pudo al cabo ser bastante
a la pujanza y furia que venía;
quedó prisión con otros, y adelante
la vitoriosa y fiera compañía,
dejando eterna lástima y memoria,
iba siguiendo el hado y la vitoria.
   Pues en esta sazón, por la otra parte
que el diestro Navarrete peleaba,
sin ser ya la francesa gente parte,
a puro hierro la española entraba;
y a despecho y pesar del fiero Marte
que los franceses brazos esforzaba,
haciendo gran destrozo y cruda guerra,
de rota a más andar ganaban tierra.
   Fue preso allí Andalot, que encomendada
le estaba la defensa de aquel lado;
he aquí también por la tercera entrada
que Julián Romero había asaltado.
La suspensa fortuna declarada,
abriendo paso al detenido hado,
la mano a don Felipe dio de modo,
que vencedor en Francia entró del todo.
   Cortó luego un temor y frío yelo
los ánimos del pueblo enflaquecido,
rompiendo el aire espeso y alto cielo
un general lamento y alarido;
las armas arrojadas por el suelo,
escogiendo el vivir ya por partido,
acordaron con mísera huida
perder la plaza y guarecer la vida.
   Pero los vencedores, cuando vieron
su gran temor y poco impedimento,
los brazos altos y armas suspendieron
por no manchar con sangre el vencimiento;

y sin hacer más golpe, arremetieron,
vuelto en codicia aquel furor sangriento,
al esperado saco de la tierra,
premio de la común gente de guerra.
   Quién las herradas puertas golpeando
quebranta los cerrojos reforzados;
quién por picas y gúmenas trepando
entra por las ventanas y tejados;
acá y allá rompiendo y desquiciando,
sin reservar lugares reservados,
las casas de alto a bajo escudriñaban
y a tiento, sin parar, corriendo andaban.
   Como el furioso fuego de repente
cuando en un barrio o vecindad se enciende,
que con rebato súbito la gente
corre con priesa y al remedio atiende,
y por todas las partes francamente
quién entra, sale, sube, quién deciende,
sacando uno arrastrando, otro cargado
el mueble de las llamas escapado,
   así la fiera gente vitoriosa,
con prestas manos y con pies ligeros,
de la golosa presa codiciosa,
abre puertas, ventanas y agujeros,
sacando diligente y presurosa
cofres, tapices, camas y rimeros
y lo de más y menos importancia,
sin dejar una mínima ganancia.
   No los ruegos, clamores y querellas,
que los distantes cielos penetraban,
de viudas y huérfanas doncellas
la insaciable codicia moderaban;
antes, rompiendo sin piedad por ellas,
a lo más defendido se arrojaban,

creyendo que mayor ganancia había
donde más resistencia se hacía.
 Viéranse ya las vírgines corriendo
por las calles, sin guardia, a la ventura
los bellos rostros con rigor batiendo,
lamentando su hado y suerte dura;
y las míseras monjas, que rompiendo
sus estatutos, límite y clausura,
de aquel temor atónito llevadas,
iban acá y allá descarriadas.
 Mas el pío Felipe, antes que entrasen
había mandado a todas las naciones
que con grande cuidado reservasen
las mujeres y casas de oraciones,
y amigos y conformes evitasen
pendencias peligrosas y quistiones:
que del saco y la presa a cada una
diese su parte franca la fortuna.
 Las mujeres, que acá y allá perdidas,
llevadas del temor, sin tiento andaban,
por orden de Felipe recogidas
en seguro lugar las retiraban,
donde de fieles guardas defendidas
del bélico furor las amparaban;
que aunque fueron sus casas saqueadas,
las honras les quedaron reservadas.
 Que los fieros soldados, obedientes
al cristiano y espreso mandamiento,
se mostraban en esto continentes,
frenando aun el primero movimiento;
la revuelta y la mezcla de las gentes,
la mucha confusión y poco tiento
hizo que el daño en la ciudad creciese
y un repentino fuego se encendiese.

Súbito allí la llama alimentada,
arrojando espesísimas centellas,
del fresco viento céfiro ayudada
procuraba subir a las estrellas;
la miserable gente afortunada,
con dolorosas voces y querellas,
fijos los tiernos ojos en el cielo,
desmayando, esforzaban más el duelo.
　　A todas partes gritos lastimosos
en vano por el aire resonaban
y los tristes franceses temerosos
en las contrarias armas se arrojaban,
eligiendo por fuerza vergonzosos
el modo de morir que rehusaban,
antes que, como flacos, encerrados,
ser en llamas ardientes abrasados.
　　Mas del piadoso Rey la gran clemencia
había las fieras armas embotado,
que con remedio presto y diligencia
todo el furor y fuego fue apagado;
al fin, sin más defensa y resistencia,
dentro de Sanquintín quedó alojado,
con la llave de Francia ya en la mano,
hasta París abierto el paso llano.
　　El Sol ya poco a poco declinaba
al hemisferio antártico encendido,
cuando yo, que alegrísimo miraba
todo lo que en mi canto habéis oído,
vi cerca una mujer que me hablaba,
más blanco que la nieve su vestido,
grave, muy venerable en el aspecto,
persona al parecer de gran respecto,
　　diciendo: «Si las cosas que dijere
por cierta y verdadera profecía

dificultosa alguna pareciere,
créeme que no es ficción ni fantasía;
mas lo que el Padre Eterno ordena y quiere
allá en su excelso trono y hieraquía,
al cual está sujeto lo más fuerte,
el hado, la fortuna, el tiempo y muerte.
   Desta guerra y rencores encendidos
entre la España y Francia así arraigados,
resultarán conciertos y partidos,
por una parte y otra procurados,
en los cuales serán restituidos
al duque de Saboya sus estados,
con otros muchos medios provechosos,
en bien de Francia y a la España honrosos.
   Y para que más quede asegurada
la paz, con hermandad y firme asiento,
con la prenda de Enrico más amada
contraerá don Felipe casamiento.
Pero la cruda muerte acelerada
temprano deshará este ayuntamiento,
que el alto cielo así lo determina
y el decreto fatal y orden divina.
   En este tiempo Francia corrompida,
la católica ley adulterando,
negará la obediencia al Rey debida,
las sacrílegas armas levantando;
y con el cebo de la suelta vida
cobrará la maldad fuerza, juntando
de gente infiel ejército formado
contra la Iglesia y propio Rey jurado.
   Por insolencias viejas y pecados
vendrá el reino a ser casi destruido,
y Carlos de su pérfidos soldados
a término dudoso reducido;

serán con desacato derribados
los sumptuosos templos y ofendido
el mismo Sumo Dios y Sacramento,
sobrando a la maldad su sufrimiento;
   mas vuestro Rey, con presta providencia,
previniendo al futuro daño luego,
atajará en España esta dolencia
con rigor necesario, a puro fuego.
Curada la perversa pestilencia,
las armas enemigas del sosiego
con furia moverá contra el Oriente,
enviando al Peñón su armada y gente.
   Aunque no pueda de la vez primera
conseguir el efeto deseado
volverá la segunda, de manera
que el áspero Peñón será expugnado;
y dejando segura la carrera
y el morisco contorno amedrentado,
por causa de los puertos e invernada
retirará la vitoriosa armada.
   Vendrán a España a la sazón de Hungría
dos príncipes de alteza soberana,
hijos de César Máximo y María,
de Carlos hija y de Felipe hermana,
que acrecentando el gozo y alegría
harán aquella corte y era ufana:
el mayor es Rodolfo, el otro Ernesto,
que a la fama darán materia presto.
   »Y de sus altas obras prometiendo
en su pequeña edad grande esperanza,
en años y virtud irán creciendo,
virtud y años muy dignos de alabanza,
en quienes se verá resplandeciendo
un excelso valor y la crianza

del barón Dietristán, person dina
de dar a tales príncipes dotrina.

    Luego en el año próximo siguiente,
toda la cristiandad amenazando
la gruesa armada del infiel potente,
irá contra el Poniente navegando,
con tan gran aparato y tanta gente
que temblarán las costas, y arribando
a la isla de Malta dará fondo,
que boja veinte leguas en redondo.

    Donde el grande Maestre y caballeros
que dentro asistirán en este medio,
con otros capitanes forasteros
ofrecerán las vidas al remedio,
y siempre constantísimos y enteros,
resistirán gran tiempo el fuerte asedio,
haciendo en la defensa tales cosas,
que se podrán tener por milagrosas.

    Serán batidos de uno y otro lado
por la tierra, por mar, por bajo y alto,
y el fuerte de San Telmo aportillado,
entrado a hierro en el noveno asalto;
el cual suceso al pueblo bautizado
pondrá en grande peligro y sobresalto,
porque en el puerto la turquesca armada
tendrá por las dos bocas franca entrada.

    Allí se verán hechos señalados,
difíciles empresas peligrosas,
ánimos temerarios arrojados,
cuando las esperanzas más dudosas;
postas, muros y fosos arrasados,
crudas heridas, muertes lastimosas,
casos grandes, sucesos infinitos
dignos de ser para en eterno escritos.

Mas cuando ya no baste esfuerzo humano
y la fuerza al trabajo se rindiere,
el muro esté ya raso, el foso llano,
y la esperanza al suelo se viniere;
cuando el sangriento bárbaro inhumano
el cuchillo sobre ellos esgrimiere,
será entonces de todos conocido
lo que puede Felipe y es temido;
　　pues con sola una parte de su armada
y número pequeño de soldados,
de su fortuna y crédito guiada,
rebatirá los otomanos hados,
y la afligida Malta restaurada,
serán los enemigos retirados,
las fatigadas velas dando al viento
con pérdida increíble y escarmiento.
　　«Luego el año después, con poderoso
ejército, en persona Solimano
por tierra moverá contra el famoso
César Augusto, Emperador romano,
y por la gran Panonia presuroso,
dejando a la derecha al Trasilvano
y atrás la ancha provincia de Dalmacia,
bajará a los confines de Corvacia.
　　A Siguet, plaza fuerte y recogida
cuatro semanas la tendrá asediada
y al cabo, sin poder ser socorrida,
del fiero Solimán será ocupada;
mas la empresa difícil y la vida
acabará en un tiempo, que la airada
muerte, arribando el limitado curso,
pondrá término y punto a su discurso.
　　Por otra parte, en Flandes los estados
desasidos de Dios en estos días,

turbarán el sosiego, inficionados
de perversos errores y herejías,
y contra el rey Felipe conspirados
tentarán de maldad diversas vías,
trayendo a estado y condición las cosas
que durarán gran término dudosas.
  También con pretensión de libertarse,
en el próspero reino de Granada
los moriscos vendrán a levantarse
y a negar la obediencia al Rey jurada;
la cual alteración, por no estimarse,
ni ser a los principios remediada,
será de grandes daños y costosa
de sangre ilustre y gente valerosa.
  Irá a esta guerra un mozo, que escondido
anda en humildes paños y figura,
que su imperial linaje esclarecido
difíciles empresas le asegura,
a quien tienen lo hados prometido
una famosa y súbita ventura:
éste es hijo de Carlos, que aún se cría,
y encubierto estará por algún día.
  Andará, como digo, disfrazado,
hasta que el padre al tiempo de la muerte
le dejará por hijo declarado,
subiéndole en un punto a tanta suerte;
será de todos con razón amado,
franco, esforzado, valeroso y fuerte.
Es su nombre don Juan, y en esta parte
no puedo más decir ni revelarte.
  Baste que a los moriscos alterados
en su primera edad hará la guerra,
y los presidios rotos y ocupados
los vendrá a retirar dentro en la sierra,

adonde los tendrá tan apretados
que al fin reducirá la alzada tierra,
trasplantando en provincias diferentes
las raíces malvadas y simientes.
   Esta guerra acabada, de Alemaña,
de damas y gran gente acompañada
la infante Ana vendrá, Reina de España,
con el Rey don Felipe desposada;
donde con pompa y majestad estraña
será la insigne boda celebrada
en la antigua Segovia, un tiempo silla
de los famosos reyes de Castilla.
   Serán, pues, los dos príncipes llamados
del padre Emperador, que ya aquel día
querrá dar nuevo asiento en sus estados
y hacer rey a Rodolfo de la Hungría;
así que, para Génova embarcados,
arribarán, pasando a Lombardía,
por la ribera del Danubio amena,
a su ciudad famosa de Viena.
   Cuando ya la revuelta y turbaciones
de los tiempos den muestra de acabarse,
y el bélico furor y alteraciones
parezcan declinar y sosegarse,
entonces en las bárbaras regiones
comenzarán de nuevo a levantarse
las armas de los turcos inhumanos
contra los poderosos venecianos,
   y sacando una armada poderosa,
de todas sus provincias allegada,
en la vecina Cipro, isla famosa,
descargará la furia represada
y con espada cruda y rigurosa
será la tierra dellos ocupada,

entrando a Famagusta, ya batida,
sobre palabra falsa y fementida.
  Quedarán, pues, tan arrogantes desto
que, la armada de gente reforzando,
con soberbio designio y presupuesto
irán la vía de Italia navegando;
despreciando del mundo todo el resto,
y aun el poder del cielo despreciando:
tanto será su orgullo y fiera muestra,
nacido del pecado y culpa vuestra.
  Mas el alto Señor, que otro dispone,
y en vuestro bien por su piedad la ordena,
que, cuando faltan méritos, compone
con su sangre y pasión la deuda ajena,
y por solo un gemir luego repone
la punición y merecida pena,
quebrantará con golpe riguroso
la soberbia del bárbaro ambicioso:
  que doliéndose ya de la fatiga
del pueblo pecador, pero cristiano,
contra la gente pérfida enemiga
esgrimirá la poderosa mano;
así de inspiración habrá una Liga,
donde el Papa y Senado veneciano
juntarán su poder, su fuerza y gente
con la del Rey Católico potente.
  Será en gracia de todos elegido
general de la Liga el floreciente
mozo que en su niñez —desconocido anda
en hábito humilde entre la gente,
pero no me es a mí ya concedido
revelar lo futuro abiertamente:
basta que lo verás, pues te asegura
más larga vida el hado que ventura

Mas si quieres saber desta jornada
el futuro suceso nunca oído,
y la cosa más grande señalada
que jamás en historia se ha leído,
cuando acaso pasares la cañada
por donde corre Rauco más ceñido,
verás al pie de un líbano a la orilla
una mansa y doméstica corcilla.
   Conviénete seguirla con cuidado,
hasta salir en una gran llanura,
al cabo de la cual verás a un lado
una fragosa entrada y selva escura
y tras la corza tímida emboscado
hallarás en mitad de la espesura
debajo de una tosca y hueca peña
una oculta morada muy pequeña.
   Allí, por ser lugar inhabitable,
sin rastro de persona ni sendero,
vive un anciano, viejo venerable,
que famoso soldado fue primero,
de quien sabrás do habita el intratable
Fitón, mágico grande y hechicero,
el cual te informará de muchas cosas
que están aún por venir, maravillosas.
   «No quiero decir más en lo tocante
a las cosas futuras, pues parece
que habrá materia y campo asaz bastante
en lo que de presente se te ofrece
para llevar tus obras adelante
pues la grande ocasión te favorece;
que a mí solo hasta aquí me es concedido
el poderte decir lo que has oído.
   Mas si el furor de Marte y la braveza
te tuvieren la pluma destemplada

y quisieres mezclar con su aspereza
otra materia blanda y regalada,
vuelve los ojos, mira la belleza
de las damas de España, que admirada
estoy, según el bien que allí se encierra,
cómo no abrasa Amor toda la tierra.
 Mas tente, que me importa a mí, primero
que de los ojos fáciles te fíes,
prevenir el peligro venidero,
para que dél con tiempo te desvíes;
y no aguardes al término postrero
ni en tu fuerza y mi ayuda te confíes,
que aunque quiera después contraponerme,
tú cerrarás los ojos por no verme».
 ¡Oh condición humana!, que al instante
que me privó que el rostro no volviese,
solo aquel impedirme fue bastante
a que el prompto apetito se encendiese
y así, sin esperar más que adelante
en el sano consejo procediese,
volví los ojos luego, y de improviso
vi, si decirse puede, un paraíso.
 En un asiento fértil y sabroso,
de alegres plantas y árboles cercado,
do el cielo se mostraba más hermoso
y el suelo de mil flores variado,
cerca de un claro arroyo sonoroso
que atravesaba el fresco y verde prado,
vi junta toda cuanta hermosura
supo y pudo formar acá natura.
 Eran las damas del cercado aquellas
que en la dichosa España florecían:
el claro Sol, la Luna y las estrellas
en su respeto escuras parecían,

y sobre sus cabezas todas ellas
olorosas guirnaldas sostenían
de mil varias maneras rodeadas
de rubias trenzas, ñudos y lazadas.
   Andaban por acá y allá esparcidos
gran copia de galanes estimados,
al regalado y blando amor rendidos,
corriendo tras sus fines y cuidados;
unos en esperanzas sostenidos,
otros en sus riquezas confiados,
todos gozando alegres y contentos
de sus lozanos y altos pensamientos.
   En esto, con presteza y furia estraña
arrebatado por el aire vano,
la alta cumbre dejé de la montaña,
bajando al deleitoso y fértil llano
donde, si la memoria no me engaña,
vi la mi guía a la derecha mano,
algo medrosa y con turbado gesto
de haberme en tanto riesgo y trance puesto.
   Que luego que los pies puse en el suelo,
los codiciosos ojos ya cebando,
libres del torpe y del grosero velo
que la vista hasta allí me iba ocupando,
un amoroso fuego y blando hielo
se me fue por las venas regalando,
y el brío rebelde y pecho endurecido
quedó al amor sujeto y sometido.
   Y deseoso luego de ocuparme
en obras y canciones amorosas
y mudar el estilo, y no curarme
de las ásperas guerras sanguinosas,
con gran gana y codicia de informarme
de aquel asiento y damas tan hermosas,

en especial y sobre todas de una,
que vi a sus pies rendida mi fortuna.
    Era de tierna edad, pero mostraba
en su sosiego discreción madura,
y a mirarme parece la inclinaba
su estrella, su destino y mi ventura.
Yo, que saber su nombre deseaba,
rendido y entregado a su hermosura,
vi a sus pies una letra que decía:
DEL TRONCO DE BAZÁN DOÑA MARÍA.
    Y por saber más della, revolviendo
el rostro y voz a la prudente guía,
súbito el alboroto y fiero estruendo
de las bárbaras armas y armonía
me despertó del dulce sueño, oyendo:
«¡Arma, arma!»; ¡presto, presto!», y parecía
romper el alto cielo los acentos
de las diversas voces e instrumentos.
    En esta confusión, medio dormido,
a las vecinas armas corrí presto,
poniéndome en un punto apercebido
en mi lugar y señalado puesto,
cuando con ferocísimo alarido
por la áspera ladera del recuesto
apareció gran número de gente
y la rosada Aurora en el oriente.
    Luego también por una y otra parte,
con no menores voces y denuedo,
tanta gente asomó que al fiero Marte
con su temeridad pusiera miedo.
Mas, para proceder parte por parte,
según estoy cansado, ya no puedo:
en el siguiente y nuevo canto pienso
de declararlo todo por estenso.

Canto XIX

En este canto se contiene el asalto que los araucanos dieron a los españoles en el fuerte de Penco; la arremetida de Gracolano a la muralla; la batalla que los marineros y soldados, que habían quedado en guarda de los navíos, tuvieron en la marina con los enemigos

Hermosas damas, si mi débil canto
no comienza a esparcir vuestros loores
y si mis bajos versos no levanto
a concetos de amor y obras de amores,
mi priesa es grande, y que decir hay tanto
que a mil desocupados escritores
que en ello trabajasen noche y día,
para todos materia y campo habría.

 Y aunque apartado a mi pesar me veo
desta materia y presupuesto nuevo,
me sacará al camino el gran deseo
que tengo de cumplir con lo que os debo.
Y si el adorno y conveniente arreo
me faltan, baste la intención que llevo,
que es hacer lo que puedo de mi parte,
supliendo vos lo que faltare en la arte.

 Mas la española gente, que se queja
con causa justa y con razón bastante,
dándome mucha priesa, no me deja
lugar para que de otras cosas cante,
que el ejército bárbaro la aqueja,
cercando en torno el fuerte en un instante
con terrible amenaza y alarido,
como en el canto atrás lo habéis oído.

 Luego que en la montaña en lo más alto
tres gruesos escuadrones parecieron,
juntos a un mismo tiempo hicieron alto
y el sitio desde allí reconocieron;

visto el foso y el muro, el fiero asalto,
dada la seña, todos tres movieron
esgrimiendo las armas de tal suerte
que a nadie reservaban de la muerte.
  El mozo Gracolano, no olvidado
de la arrogante oferta y gran promesa,
de varias y altas plumas rodeado,
blandiendo una tostada pica gruesa
venía dellos gran trecho adelantado,
rompiendo por el humo y lluvia espesa
de la balas y tiros arrojados
por brazos y cañones reforzados.
  Llegado al justo término, terciando,
la larga pica, arremetió furioso,
y en tierra el firme regatón fijando,
atravesó de un salto el ancho foso;
y por la misma pica gateando,
arriba sobre el muro vitorioso,
a pesar de las armas contrapuestas:
lanzas, picas, espadas y ballestas.
  No agarrochado toro embravecido
la barrera embistió tan impaciente
ni fue con tanta fuerza resistido
de espesas armas y apiñada gente,
como el gallardo bárbaro atrevido,
que temeraria y venturosamente
rompiendo al parecer lo más seguro,
sube por fuerza al defendido muro,
  donde sueltas las armas empachadas
(que aprovecharse dellas no podía),
a bocados, a coces y a puñadas
ganar la plaza él solo pretendía.
Los tiros, golpes, botes y estocadas
con gran destreza y maña rebatía,

poniendo pecho y hombro suficiente
al ímpetu y furor de tanta gente.
   En medio de las armas, a pie quedo
sin ellas su promesa sustentaba,
y con gran pertinacia y poco miedo
de morir más adentro procuraba;
y en el vano propósito y denuedo,
herido ya en mil partes, porfiaba,
que su loca fortuna y diestra suerte
tenían suspenso el golpe de la muerte.
   Así que en la demanda necia instando
se arroja entre los hierros, y se mete
cual perro espumajoso, que rabiando,
adonde más le hieren, arremete;
y el peligro y la vida despreciando,
lo más dudoso y áspero acomete,
desbaratando en torno mil espadas
al obstinado pecho encaminadas.
   Viéndose en tal lugar solo y tratado
según la temeraria confianza,
no de su pretensión desconfiado
mas con alguna menos esperanza,
a los brazos cerró con un soldado
y de las manos le sacó la lanza,
sobre la cual echándose, en un punto
pensó salvar el foso y vida junto.
   Mas la instable Fortuna, ya cansada
de serle curadora de la vida,
dio paso en aquel tiempo a una pedrada
de algún gallardo brazo despedida,
que en la cóncava sien la arrebatada
piedra gran parte le quedó sumida,
trabucándole luego de lo alto,
yendo en el aire en la mitad del salto.

Como el troyano Euricio que, volando
la tímida paloma por el cielo,
con gran presteza el corvo arco flechado
la atravesó en la furia de su vuelo,
que retorciendo el cuerpo y revolando,
como redondo ovillo vino al suelo,
así el herido mozo en descubierto
dentro del hondo foso cayó muerto.
   De treinta y seis heridas justamente,
cayó el mísero cuerpo atravesado,
sin el último golpe de la frente,
que el número cerró ya rematado;
y la pica que el bárbaro valiente
de franca y buena guerra había ganado
quedó arrimada al foso de manera
que un trozo descubierto estaba fuera.
   Pero el joven Pinol, que prometido
había de acompañarle en el asalto
y con él hasta el foso arremetido
aunque no se atrevió a tan grande salto,
como al valiente amigo vio tendido
y descubrir la pica por lo alto,
la arebató, tomando por remedio
poner con pies ligeros tierra en medio.
   Mas como no haya maña ni destreza
contra el hado preciso y dura suerte,
ni bastan prestos pies ni ligereza
a escapar de las manos de la muerte,
que al que piensa huir, con más presteza
le alcanza de su brazo el golpe fuerte,
como al ligero bárbaro le avino
en mudando propósito y camino,
   que apenas cuatro pasos había dado
cuando dos gruesas balas le cogieron,

y de la espalda al pecho atravesado
a un tiempo por dos partes le tendieron.
No dio la alma tan presto que un soldado
de dos que a socorrerle arremetieron
de la costosa lanza no trabase
y con peligro suyo la salvase.
    Luego de trompas gran rumor sonando,
la gruesa pica en alto levantaron,
y a toda furia en hila igual cerrando
al foso con gran ímpetu llegaron,
donde forzosamente reparando,
la munición y flechas descargaron
en tanta multitud, que parecían
que la espaciosa tierra y Sol cubrían.
    Pues en esta sazón Martín de Elvira,
que así nuestro español era llamado,
de lejos la perdida lanza mira
que el muerto Gracolán le había ganado.
Con loable vergüenza, ardiendo en ira,
de recobrar su honor deliberado,
por una angosta puerta que allí había
solo y sin lanza a combatir salía
    con un osado joven, que delante
venía la tierra y cielo despreciado,
de proporción y miembros de gigante,
una asta de dos costas blandeando,
que acá y allá con término galante
la gruesa y larga pica floreando
ora de un lado y de otro, ora derecho,
quiso tentar del enemigo el pecho,
    tirando un recio bote, que cebado
le retrujo seis pasos, de tal suerte
que el gallardo español desatinado
se vio casi en las manos de la muerte;

pero como animoso y reportado,
pensando asir la pica con la mano,
mas este pensamiento salió vano:
   que el indio con destreza y gran soltura
saltó ligero atrás, cobrando tierra,
y blandiendo la gruesa pica dura
quiso con otro rematar la guerra;
mas el prompto español, que entrar procura,
dándole lado, de la pica afierra,
y aguijando por ella, a su despecho
cerró presto con él, pecho con pecho;
   y habiendo con presteza arrebatado
una secreta daga que traía,
cinco veces o seis por el costado
del bravo corazón tentó la vía.
El bárbaro mortal, ya desangrado,
por todas la furiosa alma rendía,
cayendo el cuerpo inmenso en tierra frío,
ya de sangre y espíritu vacío.
   El valiente español, que vio tendido
a su enemigo y la vitoria cierta,
cobró la pica y crédito perdido
retrayéndose ufano hacia la puerta
donde, por los amigos conocido,
fue sin contraste en un momento abierta,
y dentro recebido alegremente
con grande aplauso y grita de la gente.
   En este tiempo ya por todos lados
la plaza los contrarios expugnaban,
que a vencer o morir determinados
por los fuegos y tiros se lanzaban;
y encima de los muertos hacinados,
los vivos a tirar se levantaban,
de donde más la cierta puntería

el encubierto blanco descubría.
   Unos con ramas, tierra y con maderos
ciegan el hondo foso presurosos;
otros, que más presumen de ligeros,
hacen pruebas y saltos peligrosos;
y los que les tocaban ser postreros,
de llegar a las manos deseosos,
tanto el ir adelante procuraban,
que dentro a los primeros arrojaban.
   Mas de los muchos muertos y heridos
de nuestros arcabuces, de mampuesto
y de otros arrojados y caídos,
el foso se cegó y allanó presto;
por do los enemigos atrevidos
arremetieron, el temor pospuesto,
llegando por las partes más guardadas
a medir con nosotros las espadas;
   y prosiguiendo en el osado intento
de nuevo empiezan un combate duro,
mas otros con mayor atrevimiento
trepaban por las picas sobre el muro,
que al bárbaro furor y movimiento
ningún alto lugar había seguro,
ni parte, por más áspera que fuese,
donde no se escalase y combatiese.
   Los nuestros sobre el muro amontonados
los rebaten, impelen y maltratan,
y con lanzas y tiros arrojados
los derriban abajo y desbaratan.
Mas poco los demás escarmentados,
la difícil subida no dilatan,
antes procuran luego embravecidos
ocupar el lugar de los caídos.
   Unos así tras otros procediendo,

ganosos de honra y de temor desnudos,
siempre la priesa y multitud creciendo,
crece la furia de los golpes crudos;
los defendidos términos rompiendo,
cubiertos de sus cóncavos escudos,
nos pusieron en punto y apretura
que estuvo lo imposible en aventura.
  En este tiempo Tucapel furioso
apareció gallardo en la muralla
esgrimiendo un bastón fuerte y ñudoso
todo cubierto de luciente malla.
Como el león de Libia vedijoso,
que abriendo de la tímida canalla
el tejido escuadrón, con furia horrenda
desembaraza la impedida senda,
  así el furioso bárbaro arrogante
discurre por el muro, derribando
cuanto allí se le opone y vee delante,
su misma gente y armas tropellando.
Quisiera tener lengua y voz bastante
para poder en suma ir relatando
el singular esfuerzo y valentía
que el bravo Tucapel mostró aquel día.
  No las espesas picas ni pertrechos
bastan puestas en contra a resistirle,
ni fuertes brazos ni robustos pechos
pueden, acometiéndole, impedirle;
que montones de gente y armas hechos
rompe y derriba sin poder sufrirle,
y aun, no contento desto, osadamente
se arroja dentro en medio de la gente.
  Y al peligro las fuerzas añadiendo,
la poderosa maza rodeaba,
unos desbaratando, otros rompiendo,

siempre más tierra y opinión ganaba.
Al fin, los duros golpes resistiendo,
por las armas y gente atravesaba,
hiriendo siempre a diestro y a siniestro,
con grande riesgo suyo y daño nuestro.
　También hacia la banda del poniente
había Peteguelén arremetido,
y a despecho y pesar de nuestra gente
en lo más alto del bastión subido.
Que el valeroso corazón ardiente
le había por las entrañas esparcido
un belicoso ardor, como si fuera
en la verde y robusta edad primera.
　Mucho no le duró, que a poca pieza
le arrebató una bala desmandada
de los dispuestos hombros la cabeza,
rematando su próspera jornada.
Tras ésta disparó luego otra pieza
hacia la misma parte encaminada,
llevando a Guampicol que le seguía,
y a Surco, Longomilla y Lebopía.
　La gente que en las naos había quedado,
viendo el rumor y priesa repentina,
cuál salta luego arriba desarmado,
cuál con rodela; cuál con coracina;
quién se arroja al batel, y quién a nado
piensa arribar más presto a la marina,
llamando cada cual a quien debía
y ninguno aguardaba compañía.
　Así a nado y a remo, con gran pena
el molesto y prolijo mar cortaron,
y en la ribera y deseada arena
casi todos a un tiempo pie tomaron,
donde con diciplina y orden buena

un cerrado escuadrón luego formaron,
marchando a socorrer a los amigos
por medio de las armas y enemigos.
   Del mar no habían sacado los pies, cuando
por la parte de abajo con ruido
les sale un escuadrón en contra, dando
una furiosa carga y alarido.
Venía el primero el paso apresurando
el suelto Fenistón, mozo atrevido,
que de los otros quiso adelantarse,
con gana y presunción de señalarse.
   Nuestra gente con orden y osadía
siguiendo su derrota y firme intento,
a la enemiga opuesta arremetía,
que aun de esperar no tuvo sufrimiento;
y a recebir a Fenistón salía
con paso no menor y atrevimiento
y el diestro Julián de Valenzuela,
la espada en mano, al pecho la rodela.
   Fue allí el primero que empezó el asalto
el presto Fenistón anticipado,
dando un ligero y no pensado salto
con el cual descargó un bastón pesado;
mas Valenzuela, la rodela en alto,
a dos manos el golpe ha reparado,
dejándole atronado de manera
como si encima un monte le cayera.
   Bajó la ancha rodela a la cabeza
(tanto fue el golpe recio y desmedido),
y el trasportado joven una pieza
fue rodando de manos, aturdido;
mas luego, aunque atronado, se endereza,
y volviendo del todo en su sentido,
pudo al través hurtándose de un salto,

huir la maza que calaba de alto.
 Entró el leño por tierra un gran pedazo
con el gran peso y fuerza que traía,
que visto Valenzuela el embarazo
del bárbaro, y el tiempo que él tenía,
metiendo con presteza el pie y el brazo
el pecho con la espada le cosía,
y al sacar la caliente y roja espada
le llevó de revés media quijada.
 El araucano ya con desatino
le echó los brazos sin saber por donde,
mas el joven, tentando otro camino,
arrancada la daga, la responde;
que con la priesa y fuerza que convino
tres veces en el cuerpo se la esconde,
haciéndole estender, ya casi helados,
los pies y fuertes brazos añudados.
 Ya en aquella sazón ninguno había
que solo un punto allí estuviese ocioso,
mas cada cual solícito corría
a lo más necesario y peligroso;
era el estruendo tal, que parecía
el batir de las armas presuroso,
que de sus fijos quicios todo el cielo
desencasado, se viniese al suelo.
 Por otra parte, arriba en la muralla,
siempre con rabia y priesa hervorosa,
andaba muy reñida la batalla
y la vitoria en confusión dudosa.
Vuelta en el aire la cortada malla,
y de sangre caliente y espumosa
tantos arroyos en el foso entraban
que los cuerpos en ella ya nadaban.
 Así de acá y de allá gallardamente

por la plaza y honor se contendía:
quién sobre el muerto sube diligente,
quién muerto sobre el vivo allí caía.
Don García de Mendoza entre su gente
su cuartel con esfuerzo defendía,
el gran furor y bárbara violencia
haciendo suficiente resistencia.
   Don Felipe Hurtado a la otra mano,
don Francisco de Andía y Espinosa,
y don Simón Pereyra, lusitano,
don Alonso Pacheco y Ortigosa,
contrapuestos al ímpetu araucano,
hacían prueba de esfuerzo milagrosa
resistiendo a gran número la entrada
a pura fuerza y valerosa espada.
   Basco Xuárez también por otra parte,
Carrillo y don Antonio de Cabrera,
Arias Pardo, Riberos y Lasarte,
Córdoba y Pedro de Olmos de Aguilera,
subidos sobre el alto baluarte
herían en los contrarios de manera
que, aunque eran infinitos, bien seguro
por toda aquella banda estaba el muro.
   No menos se mostraba peleando
Juan de Torres, Garnica y Campofrío,
don Martín de Guzmán y don Hernando
Pacho, Gutiérrez, Zúñiga, y Verrío,
Ronquillo, Lira, Osorio, Vaca, Ovando,
haciendo cosas que el ingenio mío,
aunque libre de estorbos estuviera,
contarlas por estenso no pudiera.
   Tanto el daño creció, que de aquel lado
los fieros araucanos aflojaron,
y rostro a rostro, en paso concertado,

quebrantado el furor se retiraron;
los otros, visto el daño no pensado,
también del loco intento se apartaron,
quedando Tucapel dentro del fuerte,
hiriendo, derribando y dando muerte.
  No desmayó por esto, antes ardía
en cólera rabiosa y viva saña,
y aquí y allí furioso discurría
haciendo en todas partes riza estraña;
tropella a Bustamante y a Mexía,
derriba a Diego Pérez y a Saldaña.
Mas ya es razón, pues he cantado tanto,
dar fin al gran destrozo y largo canto.

Canto XX

Retíranse los araucanos con pérdida de mucha gente; escápase Tucapel muy herido, rompiendo por los enemigos; cuenta Tegualda a don Alonso de Ercilla el estraño y lastimoso proceso de su historia

    Nadie prometa sin mirar primero
lo que de su caudal y fuerza siente,
que quien en prometer es muy ligero
proverbio es que de espacio se arrepiente.
La palabra es empeño verdadero
que habemos de quitar forzosamente
y es derecho común y ley espresa
guardar al enemigo la promesa.
    Bien fuera destas leyes va la usanza
que en este tiempo mísero se tiene.
Promesas que os ensanchan la esperanza
y ninguna se cumple ni mantiene;
así la vana y necia confianza
que estribando en el aire nos sostiene,
se viene al suelo y llega el desengaño
cuando es mayor que la esperanza el daño.
    De mí sabré decir cuán trabajada
me tiene la memoria, y con cuidado
la palabra que di, bien escusada,
de acabar este libro comenzado;
que la seca materia desgustada
tan desierta y estéril que he tomado
me promete hasta el fin trabajo sumo
y es malo de sacar de un terrón zumo.
    ¿Quién me metió entre abrojos y por cuestas
tras las roncas trompetas y atambores,
pudiendo ir por jardines y florestas
cogiendo varias y olorosas flores,
mezclando en las empresas y requestas

cuentos, ficciones, fábulas y amores,
donde correr sin límite pudiera
y dando gusto, yo lo recibiera?
　¿Todo ha de ser batallas y asperezas,
discordia, fuego, sangre, enemistades,
odios, rencores, sañas y bravezas,
desatino, furor, temeridades,
rabias, iras, venganzas y fierezas,
muertes, destrozos, rizas, crueldades
que al mismo Marte ya pondrán hastío,
agotando un caudal mayor que el mío?
　Mas a mí me es forzoso ser paciente,
pues de mi voluntad quise obligarme;
y así os pido, Señor, humildemente
que no os dé pesadumbre el escucharme.
Quel atrevido bárbaro valiente
aun no me da lugar de disculparme:
tal es la furia y priesa con que viene,
que apresurar la mano me conviene.
　El cual, como encerrada bestia fiera,
ora de aquella y ora desta parte
abre sangrienta y áspera carrera,
y por todas el daño igual reparte
con un orgullo tal, que acometiera
allá en su quinto trono al fiero Marte,
si viera modo de subir al cielo,
según era gallardo de cerbelo.
　Pero viéndose solo y mal herido
y el ejército bárbaro deshecho,
y todo el fiero hierro convertido
contra su fuerte y animoso pecho,
se retrujo a una parte, en la cual vido
quel cerro era peinado y muy derecho,
sin muro de aquel lado, donde un salto

había de más de veinte brazas de alto.
   Como si en tal razón alas tuviera,
más seguras que Dédalo las tuvo,
se arroja desde arriba de manera
que parece que en ellas se sostuvo;
hizo prueba de sí fuerte y ligera,
que el salto, aunque mortal, en poco tuvo,
cayendo abajo el bárbaro gallardo
como una onza ligera o suelto pardo.
   Mas, bien no se lanzó, que en seguimiento
infinidad de tiros le arrojaron,
que, aunque no le alcanzara el pensamiento,
antes que fuese abajo le alcanzaron.
Fue tanto el descargar, que en un momento
en más de diez lugares le llagaron,
pero no de manera que cayese
ni solo un paso y pie descompusiese.
   Viéndose abajo y tan herido, luego
del propósito y salto arrepentido,
abrasado en rabioso y vivo fuego,
terrible y más que nunca embravecido,
quisiera revolver de nuevo al juego
y vengarse del daño recebido;
mas era imaginarlo desatino,
que el cerro era tajado y sin camino.
   Cinco o seis veces la difícil vía
y de fortuna el crédito tentaba,
que fácil lo imposible le hacía
el coraje y furor que le incitaba:
por un lado y por otro discurría,
todo de acá y de allá lo rodeaba,
como el hambriento lobo encarnizado
rodea de los corderos el cercado.
   Mas viendo al fin que era designio vano

y de tiros sobre él la lluvia espesa,
retirándose a un lado, vio en el llano
la trabada batalla y fiera priesa;
y como el levantado halcón lozano
que, yendo alta la garza, se atraviesa
el cobarde milano, y desde el cielo
cala a la presa con furioso vuelo,
    así el gallardo Tucapel, dejado
el temerario intento infrutuoso,
revuelve a la otra banda, encaminado
al reñido combate sanguinoso.
En esto el bando infiel desconfiado,
de mucha gente y sangre perdidoso,
se retiró siguiendo las banderas
que iban marchando ya por las laderas.
    No por eso torció de su demanda
un solo paso el bárbaro valiente,
antes recio embistió por una banda,
tropellando de golpe mucha gente,
y dándoles terrible escurribanda,
pasó de un cabo a otro francamente,
hiriendo y derribando de manera
que dejó bien abierta la carrera.
    Quién queda allí estropiado, quién tullido,
quién se duele, quién gime, quién se queja,
quién cae acá, quién cae allá aturdido,
quién haciéndole plaza, dél se aleja;
y en el largo escuadrón de armas tejido
un gran portillo y ancha calle deja,
con el furor que el fiero rayo apriesa
rompe el aire apretado y nube espesa.
    De tal manera Tucapel, abriendo
de parte a parte el escuadrón cristiano,
arriba a los amigos, que siguiendo

iban la retirada a paso llano,
con el concierto y orden procediendo,
que vemos ir las grullas el verano,
cuando de su tendida y negra banda
ninguna se adelanta ni desmanda.
   Nosotros, aunque pocos, cuando vimos
que a espaldas vueltas iban ya marchando,
de nuestro fuerte en gran tropel salimos
en la campaña un escuadrón formando,
y a paso moderado los seguimos,
de la vitoria enteramente usando;
pero dimos la vuelta apresurada
temiendo alguna bárbara emboscada.
   Duró, pues, el reñido asalto tanto
que el Sol en lo más alto levantado
distaba del poniente en punto cuanto
estaba del oriente desviado.
Nosotros, ya seguros, entretanto
que remataba el curso acostumbrado,
dando lugar a las noturnas horas
del personal trabajo aliviadoras,
   el ciego foso alrededor limpiamos,
sin descansar un punto diligentes,
y en muchas partes dél desbaratamos
anchas, traviesas y formadas puentes;
los lugares más flacos reparamos,
con industria y defensas suficientes,
fortificando el sitio de manera
que resistir un gran furor pudiera.
   La negra noche a más andar cubriendo
la tierra, que la luz desamparaba,
se fue toda la gente recogiendo
según y en el lugar que le tocaba;
la guardia y centinelas repartiendo,

que el tiempo estrecho a nadie reservaba,
me cupo el cuarto de la prima en suerte
en un bajo recuesto junto al fuerte;
   donde con el trabajo de aquel día
y no me haber en quince desarmado,
el importuno sueño me afligía,
hallándome molido y quebrantado;
mas con nuevo ejercicio resistía,
paseándome deste y de aquel lado
sin parar un momento; tal estaba
que de mis propios pies no me fiaba.
   No el manjar de sustancia vaporoso,
ni vino muchas veces trasegado,
ni el hábito y costumbre de reposo
me habían el grave sueño acarreado.
Que bizcocho negrísimo y mohoso
por medida de escasa mano dado
y la agua llovediza desabrida
era el mantenimiento de mi vida.
   Y a veces la ración se convertía
en dos tasados puños de cebada,
que cocida con yerbas nos servía
por la falta de sal, la agua salada;
la regalada cama en que dormía
era la húmida tierra empantanada,
armado siempre y siempre en ordenanza,
la pluma ora en la mano, ora la lanza.
   Andando, pues, así con el molesto
sueño que me aquejaba porfiando,
y en gran silencio el encargado puesto
de un canto al otro canto paseando,
vi que estaba el un lado del recuesto
lleno de cuerpos muertos blanqueando,
que nuestros arcabuces aquel día

habían hecho gran riza y batería.
 No mucho después desto, yo que estaba
con ojo alerto y con atento oído,
sentí de rato en rato que sonaba
hacia los cuerpos muertos un ruido,
que siempre al acabar se remataba
con un triste sospiro sostenido,
y tornaba a sentirse, pareciendo
que iba de cuerpo en cuerpo discurriendo.
 La noche era tan lóbrega y escura
que divisar lo cierto no podía,
y así por ver el fin desta aventura
(aunque más por cumplir lo que debía)
me vine, agazapado en la verdura,
hacia la parte que el rumor se oía,
donde vi entre los muertos ir oculto
andando a cuatro pies un negro bulto.
 Yo de aquella visión mal satisfecho,
con un temor, que agora aun no le niego,
la espada en mano y la rodela al pecho,
llamando a Dios, sobre él aguijé luego.
Mas el bulto se puso en pie derecho,
y con medrosa voz y humilde ruego
dijo: «Señor, señor, merced te pido,
que soy mujer y nunca te he ofendido.
 Si mi dolor y desventura estraña
a lástima y piedad no te inclinaren
y tu sangrienta espada y fiera saña
de los términos lícitos pasaren,
¿qué gloria adquirirás de tal hazaña,
cuando los justos cielos publicaren
que se empleó en una mujer tu espada,
viuda, mísera, triste y desdichada?
 Ruégote pues, señor, si por ventura

o desventura, como fue la mía,
con amor verdadero y con fe pura
amaste tiernamente en algún día,
me dejes dar a un cuerpo sepultura,
que yace entre esta muerta compañía.
Mira que aquel que niega lo que es justo
lo malo aprueba ya y se hace injusto.
 No quieras impedir obra tan pía,
que aun en bárbara guerra se concede,
que es especie y señal de tiranía
usar de todo aquello que se puede.
Deja buscar su cuerpo a esta alma mía,
después furioso con rigor procede,
que ya el dolor me ha puesto en tal estremo
que más la vida que la muerte temo;
 que no sé mal que ya dañarme pueda:
no hay bien mayor que no le haber tenido;
acábese y fenezca lo que queda
pues que mi dulce amigo ha fenecido.
Que aunque el cielo cruel no me conceda
morir mi cuerpo con el suyo unido,
no estorbará, por más que me persiga,
que mi afligido espíritu le siga».
 En esto con instancia me rogaba
que su dolor de un golpe rematase;
mas yo, que en duda y confusión estaba
aún, teniendo temor que me engañase,
del verdadero indicio no fiaba
hasta que un poco más me asegurase,
sospechando que fuese alguna espía
que a saber cómo estábamos venía.
 Bien que estuve dudoso, pero luego
(aunque la noche el rostro le encubría),
en su poco temor y gran sosiego

vi que verdad en todo me decía;
y que el pérfido amor, ingrato y ciego,
en busca del marido la traía,
el cual en la primera arremetida,
queriendo señalarse, dio la vida.

   Movido, pues, a compasión de vella
firme en su casto y amoroso intento,
de allí salido, me volví con ella
a mi lugar y señalado asiento,
donde yo le rogué que su querella
con ánimo seguro y sufrimiento
desde el principio al cabo me contase
y desfogando la ansia descansase.

   Ella dijo: «¡Ay de mí!, que es imposible
tener jamás descanso hasta la muerte,
que es sin remedio mi pasión terrible
y más que todo sufrimiento fuerte;
mas, aunque me será cosa insufrible,
diré el discurso de mi amarga suerte;
quizá que mi dolor, según es grave,
podrá ser que esforzándole me acabe.

   Yo soy Tegualda, hija desdichada
del cacique Brancol desventurado,
de muchos por hermosa en vano amada,
libre un tiempo de amor y de cuidado;
pero muy presto la fortuna, airada
de ver mi libertad y alegre estado,
turbó de tal manera mi alegría
que al fin muero del mal que no temía.

   De muchos fui pedida en casamiento,
y a todos igualmente despreciaba,
de lo cual mi buen padre descontento,
que yo acetase alguno me rogaba;
pero con franco y libre pensamiento

de su importuno ruego me escusaba,
que era pensar mudarme desvarío
y martillar sin fruto en hierro frío.
  No por mis libres y ásperas respuestas
los firmes pretensores aflojaron,
antes con nuevas pruebas y requestas
en su vana demanda más instaron,
y con danzas, con juegos y otras fiestas
mudar mi firme intento procuraron,
no les bastando maña ni artificio
a sacar mi propósito de quicio.
  Muy presto, pues, llegó el postrero día
desta mi libertad y señorío:
¡oh si lo fuera de la vida mía!
Pero no pudo ser, que era bien mío.
En un lugar que junto al pueblo había
donde el claro Gualebo, manso río,
después que sus viciosos campos riega,
el nombre y agua al ancho Itata entrega,
  allí, para castigo de mi engaño,
que fuese a ver sus fiestas me rogaron,
y como había de ser para mi daño,
fácilmente comigo lo acabaron.
Luego, por orden y artificio estraño,
la larga senda y pasos enramaron,
pareciéndoles malo el buen camino
y que el Sol de tocarme no era dino.
  Llegué por varios arcos donde estaba
un bien compuesto y levantado asiento,
hecho por tal manera que ayudaba
la maestra natura al ornamento.
El agua clara en torno murmuraba,
los árboles movidos por el viento
hacían un movimiento y un ruido

que alegraban la vista y el oído.
  Apenas, pues, en él me había asentado,
cuando un alto y solene bando echaron,
y del ancho palenque y estacado
la embarazosa gente despejaron.
Cada cual a su puesto retirado,
la acostumbrada lucha comenzaron,
con un silencio tal que los presentes
juzgaran ser pinturas más que gentes.
  Aunque había muchos jóvenes lucidos
todos al parecer competidores,
de diferentes suertes y vestidos,
y de un fin engañoso pretensores;
no estaba en cuáles eran los vencidos,
ni cuáles habían sido vencedores,
buscando acá y allá entretenimiento,
con un ocioso y libre pensamiento,
  Yo, que en cosa de aquellas no paraba
el fin de sus contiendas deseando,
ora los altos árboles miraba,
de natura las obras contemplando;
ora la agua que el prado atravesaba,
las varias pedrezuelas numerando,
libre a mi parecer y muy segura
de cuidado, de amor y desventura,
  cuando un gran alboroto y vocería
(cosa muy cierta en semejante juego)
se levantó entre aquella compañía,
que me sacó de seso y mi sosiego.
Yo, queriendo entender lo que sería,
al más cerca de mí pregunté luego
la causa de la grita ocasionada,
que me fuera mejor no saber nada.
  El cual dijo: -Señora, ¿no has mirado

cómo el robusto joven Mareguano
con todos cuantos mozos ha luchado,
los ha puesto de espaldas en el llano?
Y cuando ya esperaba confiado
que la bella guirnalda de tu mano
la ciñera la ufana y leda frente
en premio y por señal más valiente,
  aquel gallardo mozo bien dispuesto
del vestido de verde y encarnado,
con gran facilidad le ha en tierra puesto,
llevándole el honor que había ganado;
y el fácil y liviano pueblo desto
como de novedad maravillado,
ha levantado aquel confuso estruendo,
la fuerza del mancebo encareciendo.
  Y también Mareguano que procura
de volver a luchar, el cual alega
que fue siniestro caso y desventura,
que en fuerza y maña el otro no le llega;
pero la condición y la postura
del espreso cartel se lo deniega,
aunque el joven con ánimo valiente
da voces que es contento y lo consiente;
  pero los jueces, por razón, no admiten
del uno ni de otro el pedimiento,
ni en modo alguno quieren ni permiten
inovación en esto y movimiento,
mas que de su propósito se quiten
si entrambos de común consentimiento,
pareciendo primero en tu presencia
no alcanzaren de ti franca licencia.
  En esto a mi lugar enderezando
de aquella gente un gran tropel venía,
que como junto a mí llegó, cesando

el discorde alboroto y vocería,
el mozo vencedor la voz alzando,
con una humilde y baja cortesía
dijo: -Señora, una merced te pido,
sin haberla mis obras merecido:
   que si soy estranjero y no merezco
hagas por mí lo que es tan de tu oficio,
como tu siervo natural me ofrezco
de vivir y morir en tu servicio;
que aunque el agravio aquí yo le padezco,
por dar desta mi oferta algún indicio
quiero, si dello fueres tú servida,
luchar con Mareguano otra caída,
   y otra y otra y aun más, si él quiere, quiero,
hasta dejarle en todo satisfecho;
y consiento que al punto y ser primero
se reduza la prueba y el derecho,
que siendo en tu presencia cierto espero
salir con mayor gloria deste hecho.
Danos licencia, rompe el estatuto
con tu poder sin límite absoluto.
   Esto dicho, con baja reverencia
la respuesta, mirándome, esperaba;
mas yo, que sin recato y advertencia,
escuchándole atenta le miraba,
no solo concederle la licencia
pero ya que venciese deseaba,
y así le respondí: -Si yo algo puedo,
libre y graciosamente lo concedo.
   Luego con un gallardo continente
ambos juntos de mí se despidieron,
y con grande alborozo de la gente
en la cerrada plaza los metieron,
adonde los padrinos igualmente

el Sol ya bajo y campo les partieron,
y dejándolos solos en el puesto
el uno para el otro movió presto.
  Juntáronse en un punto y porfiando
por el campo anduvieron un gran trecho,
ora volviendo en torno y volteando,
ora yendo al través, ora al derecho,
ora alzándose en alto, ora bajando,
ora en sí recogidos pecho a pecho,
tan estrechos, gimiendo, se tenían,
que recebir aliento aun no podían.
  «Volvían a forcejar con un ruido,
que era de ver y oírlos cosa estraña,
pero el mozo estranjero, ya corrido
de su poca pujanza y mala maña,
alzó de tierra al otro y de un gemido
de espaldas le trabuca en la campaña
con tal golpe, que al triste Mareguano
no le quedó sentido y hueso sano.
  Luego de mucha gente acompañado
a mi asiento los jueces le trujeron,
el cual ante mis pies arrodillado,
que yo le diese el precio me dijeron.
No sé si fue su estrella o fue mi hado
ni las causas que en esto concurrieron,
que comencé a temblar y un fuego ardiendo
fue por todos mis huesos discurriendo.
  Halléme tan confusa y alterada
de aquella nueva causa y acidente,
que estuve un rato atónita y turbada
en medio del peligro y tanta gente;
pero volviendo en mí más reportada,
al vencedor en todo dignamente,
que estaba allí inclinado ya en mi falda,

le puse en la cabeza la guirnalda.
  Pero bajé los ojos al momento
de la honesta vergüenza reprimidos,
y el mozo con un largo ofrecimiento
inclinó a sus razones mis oídos.
Al fin se fue, llevándome el contento
y dejando turbados mis sentidos;
pues que llegué de amor y pena junto
de solo el primer paso al postrer punto.
  Sentí una novedad que me apremiaba
la libre fuerza y el rebelde brío,
a la cual sometida se entregaba
la razón, libertad y el albedrío.
Yo, que cuando acordé, ya me hallaba
ardiendo en vivo fuego el pecho frío,
alcé los ojos tímidos cebados,
que la vergüenza allí tenía abajados.
  Roto con fuerza súbita y furiosa
de la vergüenza y continencia el freno,
le seguí con la vista deseosa,
cebando más la llaga y el veneno.
Que solo allí mirarle y no otra cosa
para mi mal hallaba que era bueno,
así que adonde quiera que pasaba
tras sí los ojos y alma me llevaba.
  Vile que a la sazón se apercebía
para correr el palio acostumbrado,
que una milla de trecho y más tenía
el término del curso señalado,
y al suelto vencedor se prometía
un anillo de esmaltes rodeado
y una gruesa esmeralda bien labrada,
dado por esta mano desdichada.
  Más de cuarenta mozos en el puesto

    a pretender el precio parecieron
donde, en la raya y el pie cada cual puesto,
promptos y apercebidos atendieron:
que no sintieron la señal tan presto
cuando todos en hila igual partieron
con tal velocidad, que casi apenas
señalaban la planta en las arenas.
    Pero Crepino, el joven estranjero,
que así de nombre propio se llamaba,
venía con tanta furia el delantero,
que al presuroso viento atrás dejaba.
El rojo palio al fin tocó el primero
que la larga carrera remataba,
dejando con su término agraciado
el circunstante pueblo aficionado.
    Y con solene triunfo rodeando
la llena y ancha plaza, le llevaron;
pero después a mi lugar tornando,
que le diese el anillo me rogaron.
Yo, un medroso temblor disimulando
(que atentamente todos me miraron),
del empacho y temor pasado el punto,
le di mi libertad y anillo junto.
    Él me dijo: —Señora, te suplico
le recibas de mí, que aunque parece
pobre y pequeño el don, te certifico
que es grande la afición con que se ofrece;
que con este favor quedaré rico
y así el ánimo y fuerzas me engrandece,
que no habrá empresa grande ni habrá cosa
que ya me pueda ser dificultosa.
    Yo, por usar de toda cortesía
(que es lo que a las mujeres perficiona),
le dije que el anillo recebía

y más la voluntad de tal persona;
en esto toda aquella compañía
hecha en torno de mi espesa corona,
del ya agradable asiento me bajaron
y a casa de mi padre me llevaron.
 No con pequeña fuerza y resistencia,
por dar satisfación de mí a la gente,
encubrí tres semanas mi dolencia,
siempre creciendo el daño y fuego ardiente;
y mostrando venir a la obediencia
de mi padre y señor, mañosamente
le di a entender por señas y rodeo
querer cumplir su ruego y mi deseo,
 diciendo que pues él me persuadía
que tomase parientes y marido,
al parecer según que convenía,
yo por le obedecer le había elegido:
el cual era Crepino, que tenía
valor, suerte y linaje conocido,
junto con ser discreto, honesto, afable,
de condición y término loable.
 Mi padre, que con sesgo y ledo gesto
hasta el fin escuchó el parecer mío,
besándome en la frente, dijo: -En esto
y en todo me remito a tu albedrío,
pues de tu discreción e intento honesto
que elegirás lo que conviene fío,
y bien muestra Crepino en su crianza
ser de buenos respetos y esperanza.
 Ya que con voluntad y mandamiento
a mi honor y deseo satisfizo
y la vana contienda y fundamento
de los presentes jóvenes deshizo,
el infelice y triste casamiento

en forma y acto público se hizo.
Hoy hace justo un mes, ¡oh suerte dura,
qué cerca está del bien la desventura!
　«Ayer me vi contenta de mi suerte,
sin temor de contraste ni recelo;
hoy la sangrienta y rigurosa muerte
todo lo ha derribado por el suelo.
¿Qué consuelo ha de haber a mal tan fuerte?;
¿qué recompensa puede darme el cielo,
adonde ya ningún remedio vale
ni hay bien que con tan grande mal se iguale?
　Éste es, pues, el proceso; ésta es la historia
y el fin tan cierto de la dulce vida:
he aquí mi libertad y breve gloria
en eterna amargura convertida.
Y pues que por tu causa la memoria
mi llaga ha renovado encrudecida,
en recompensa del dolor te pido
me dejes enterrar a mi marido;
　que no es bien que las aves carniceras
despedacen el cuerpo miserable,
ni los perros y brutas bestias fieras
satisfagan su estómago insaciable;
mas cuando empedernido ya no quieras
hacer cosa tan justa y razonable,
haznos con esa espada y mano dura
iguales, en la muerte y sepultura».
　Aquí acabó su historia, y comenzaba
un llanto tal que el monte enternecía
con una ansia y dolor que me obligaba
a tenerle en el duelo compañía;
que ya el asegurarle no bastaba
de cuanto prometer yo le podía:
solo pedía la muerte y sacrificio

por último remedio y beneficio.
   En gran congoja y confusión me viera,
si don Simón Pereira, que a otro lado
hacía también la guardia, no viniera
a decirme que el tiempo era acabado;
y espantado también de lo que oyera,
que un poco desde aparte había escuchado,
me ayudó a consolarla, haciendo ciertas
con nuevo ofrecimiento mis ofertas.
   Ya el presuroso cielo volteando
en el mar las estrellas trastornaba,
y el Crucero las horas señalando,
entre el sur y sudueste declinaba
en mitad del silencio y noche, cuando
visto cuánto la oferta la obligaba,
reprimiendo Tegualda su lamento,
la llevamos a nuestro alojamiento;
   donde en honesta guarda y compañía
de mujeres casadas quedó, en tanto
que el esperado ya vecino día quitase
de la noche el negro manto.
Entretanto también razón sería,
pues que todos descansan y yo canto,
dejarlo hasta mañana en este estado,
que de reposo estoy necesitado.
   Allí, para castigo de mi engaño,
que fuese a ver sus fiestas me rogaron,
y como había de ser para mi daño,
fácilmente comigo lo acabaron.
Luego, por orden y artificio estraño,
la larga senda y pasos enramaron,
pareciéndoles malo el buen camino
y que el Sol de tocarme no era dino.
   Llegué por varios arcos donde estaba

un bien compuesto y levantado asiento,
hecho por tal manera que ayudaba
la maestra natura al ornamento.
El agua clara en torno murmuraba,
los árboles movidos por el viento
hacían un movimiento y un ruido
que alegraban la vista y el oído.
   Apenas, pues, en él me había asentado,
cuando un alto y solene bando echaron,
y del ancho palenque y estacado
la embarazosa gente despejaron.
Cada cual a su puesto retirado,
la acostumbrada lucha comenzaron,
con un silencio tal que los presentes
juzgaran ser pinturas más que gentes.
   Aunque había muchos jóvenes lucidos
todos al parecer competidores,
de diferentes suertes y vestidos,
y de un fin engañoso pretensores;
no estaba en cuáles eran los vencidos,
ni cuáles habían sido vencedores,
buscando acá y allá entretenimiento,
con un ocioso y libre pensamiento,
   Yo, que en cosa de aquellas no paraba
el fin de sus contiendas deseando,
ora los altos árboles miraba,
de natura las obras contemplando;
ora la agua que el prado atravesaba,
las varias pedrezuelas numerando,
libre a mi parecer y muy segura
de cuidado, de amor y desventura,
   cuando un gran alboroto y vocería
(cosa muy cierta en semejante juego)
se levantó entre aquella compañía,

que me sacó de seso y mi sosiego.
Yo, queriendo entender lo que sería,
al más cerca de mí pregunté luego
la causa de la grita ocasionada,
que me fuera mejor no saber nada.

   El cual dijo: -Señora, ¿no has mirado
cómo el robusto joven Mareguano
con todos cuantos mozos ha luchado,
los ha puesto de espaldas en el llano?
Y cuando ya esperaba confiado
que la bella guirnalda de tu mano
la ciñera la ufana y leda frente
en premio y por señal más valiente,

   aquel gallardo mozo bien dispuesto
del vestido de verde y encarnado,
con gran facilidad le ha en tierra puesto,
llevándole el honor que había ganado;
y el fácil y liviano pueblo desto
como de novedad maravillado,
ha levantado aquel confuso estruendo,
la fuerza del mancebo encareciendo.

   Y también Mareguano que procura
de volver a luchar, el cual alega
que fue siniestro caso y desventura,
que en fuerza y maña el otro no le llega;
pero la condición y la postura
del espreso cartel se lo deniega,
aunque el joven con ánimo valiente
da voces que es contento y lo consiente;

   pero los jueces, por razón, no admiten
del uno ni de otro el pedimiento,
ni en modo alguno quieren ni permiten
inovación en esto y movimiento,
mas que de su propósito se quiten

si entrambos de común consentimiento,
pareciendo primero en tu presencia
no alcanzaren de ti franca licencia.
   En esto a mi lugar enderezando
de aquella gente un gran tropel venía,
que como junto a mí llegó, cesando
el discorde alboroto y vocería,
el mozo vencedor la voz alzando,
con una humilde y baja cortesía
dijo: -Señora, una merced te pido,
sin haberla mis obras merecido:
   que si soy estranjero y no merezco
hagas por mí lo que es tan de tu oficio,
como tu siervo natural me ofrezco
de vivir y morir en tu servicio;
que aunque el agravio aquí yo le padezco,
por dar desta mi oferta algún indicio
quiero, si dello fueres tú servida,
luchar con Mareguano otra caída,
   y otra y otra y aun más, si él quiere, quiero,
hasta dejarle en todo satisfecho;
y consiento que al punto y ser primero
se reduza la prueba y el derecho,
que siendo en tu presencia cierto espero
salir con mayor gloria deste hecho.
Danos licencia, rompe el estatuto
con tu poder sin límite absoluto.
   Esto dicho, con baja reverencia
la respuesta, mirándome, esperaba;
mas yo, que sin recato y advertencia,
escuchándole atenta le miraba,
no solo concederle la licencia
pero ya que venciese deseaba,
y así le respondí: -Si yo algo puedo,

libre y graciosamente lo concedo.
   Luego con un gallardo continente
ambos juntos de mí se despidieron,
y con grande alborozo de la gente
en la cerrada plaza los metieron,
adonde los padrinos igualmente
el Sol ya bajo y campo les partieron,
y dejándolos solos en el puesto
el uno para el otro movió presto.
   Juntáronse en un punto y porfiando
por el campo anduvieron un gran trecho,
ora volviendo en torno y volteando,
ora yendo al través, ora al derecho,
ora alzándose en alto, ora bajando,
ora en sí recogidos pecho a pecho,
tan estrechos, gimiendo, se tenían,
que recebir aliento aun no podían.
   «Volvían a forcejar con un ruido,
que era de ver y oírlos cosa estraña,
pero el mozo estranjero, ya corrido
de su poca pujanza y mala maña,
alzó de tierra al otro y de un gemido
de espaldas le trabuca en la campaña
con tal golpe, que al triste Mareguano
no le quedó sentido y hueso sano.
   Luego de mucha gente acompañado
a mi asiento los jueces le trujeron,
el cual ante mis pies arrodillado,
que yo le diese el precio me dijeron.
No sé si fue su estrella o fue mi hado
ni las causas que en esto concurrieron,
que comencé a temblar y un fuego ardiendo
fue por todos mis huesos discurriendo.
   Halléme tan confusa y alterada

de aquella nueva causa y acidente,
que estuve un rato atónita y turbada
en medio del peligro y tanta gente;
pero volviendo en mí más reportada,
al vencedor en todo dignamente,
que estaba allí inclinado ya en mi falda,
le puse en la cabeza la guirnalda.
    Pero bajé los ojos al momento
de la honesta vergüenza reprimidos,
y el mozo con un largo ofrecimiento
inclinó a sus razones mis oídos.
Al fin se fue, llevándome el contento
y dejando turbados mis sentidos;
pues que llegué de amor y pena junto
de solo el primer paso al postrer punto.
    Sentí una novedad que me apremiaba
la libre fuerza y el rebelde brío,
a la cual sometida se entregaba
la razón, libertad y el albedrío.
Yo, que cuando acordé, ya me hallaba
ardiendo en vivo fuego el pecho frío,
alcé los ojos tímidos cebados,
que la vergüenza allí tenía abajados.
    Roto con fuerza súbita y furiosa
de la vergüenza y continencia el freno,
le seguí con la vista deseosa,
cebando más la llaga y el veneno.
Que solo allí mirarle y no otra cosa
para mi mal hallaba que era bueno,
así que adonde quiera que pasaba
tras sí los ojos y alma me llevaba.
    Vile que a la sazón se apercebía
para correr el palio acostumbrado,
que una milla de trecho y más tenía

el término del curso señalado,
y al suelto vencedor se prometía
un anillo de esmaltes rodeado
y una gruesa esmeralda bien labrada,
dado por esta mano desdichada.
   Más de cuarenta mozos en el puesto
a pretender el precio parecieron
donde, en la raya y el pie cada cual puesto,
promptos y apercebidos atendieron:
que no sintieron la señal tan presto
cuando todos en hila igual partieron
con tal velocidad, que casi apenas
señalaban la planta en las arenas.
   Pero Crepino, el joven estranjero,
que así de nombre propio se llamaba,
venía con tanta furia el delantero,
que al presuroso viento atrás dejaba.
El rojo palio al fin tocó el primero
que la larga carrera remataba,
dejando con su término agraciado
el circunstante pueblo aficionado.
   Y con solene triunfo rodeando
la llena y ancha plaza, le llevaron;
pero después a mi lugar tornando,
que le diese el anillo me rogaron.
Yo, un medroso temblor disimulando
(que atentamente todos me miraron),
del empacho y temor pasado el punto,
le di mi libertad y anillo junto.
   Él me dijo: -Señora, te suplico
le recibas de mí, que aunque parece
pobre y pequeño el don, te certifico
que es grande la afición con que se ofrece;
que con este favor quedaré rico

y así el ánimo y fuerzas me engrandece,
que no habrá empresa grande ni habrá cosa
que ya me pueda ser dificultosa.
 Yo, por usar de toda cortesía
(que es lo que a las mujeres perficiona),
le dije que el anillo recebía
y más la voluntad de tal persona;
en esto toda aquella compañía
hecha en torno de mi espesa corona,
del ya agradable asiento me bajaron
y a casa de mi padre me llevaron.
 No con pequeña fuerza y resistencia,
por dar satisfación de mí a la gente,
encubrí tres semanas mi dolencia,
siempre creciendo el daño y fuego ardiente;
y mostrando venir a la obediencia
de mi padre y señor, mañosamente
le di a entender por señas y rodeo
querer cumplir su ruego y mi deseo,
 diciendo que pues él me persuadía
que tomase parientes y marido,
al parecer según que convenía,
yo por le obedecer le había elegido:
el cual era Crepino, que tenía
valor, suerte y linaje conocido,
junto con ser discreto, honesto, afable,
de condición y término loable.
 Mi padre, que con sesgo y ledo gesto
hasta el fin escuchó el parecer mío,
besándome en la frente, dijo: –En esto
y en todo me remito a tu albedrío,
pues de tu discreción e intento honesto
que elegirás lo que conviene fío,
y bien muestra Crepino en su crianza

ser de buenos respetos y esperanza.
   Ya que con voluntad y mandamiento
a mi honor y deseo satisfizo
y la vana contienda y fundamento
de los presentes jóvenes deshizo,
el infelice y triste casamiento
en forma y acto público se hizo.
Hoy hace justo un mes, ¡oh suerte dura,
qué cerca está del bien la desventura!
   «Ayer me vi contenta de mi suerte,
sin temor de contraste ni recelo;
hoy la sangrienta y rigurosa muerte
todo lo ha derribado por el suelo.
¿Qué consuelo ha de haber a mal tan fuerte?;
¿qué recompensa puede darme el cielo,
adonde ya ningún remedio vale
ni hay bien que con tan grande mal se iguale?
   Éste es, pues, el proceso; ésta es la historia
y el fin tan cierto de la dulce vida:
he aquí mi libertad y breve gloria
en eterna amargura convertida.
Y pues que por tu causa la memoria
mi llaga ha renovado encrudecida,
en recompensa del dolor te pido
me dejes enterrar a mi marido;
   que no es bien que las aves carniceras
despedacen el cuerpo miserable,
ni los perros y brutas bestias fieras
satisfagan su estómago insaciable;
mas cuando empedernido ya no quieras
hacer cosa tan justa y razonable,
haznos con esa espada y mano dura
iguales, en la muerte y sepultura».
   Aquí acabó su historia, y comenzaba

un llanto tal que el monte enternecía
con una ansia y dolor que me obligaba
a tenerle en el duelo compañía;
que ya el asegurarle no bastaba
de cuanto prometer yo le podía:
solo pedía la muerte y sacrificio
por último remedio y beneficio.
  En gran congoja y confusión me viera,
si don Simón Pereira, que a otro lado
hacía también la guardia, no viniera
a decirme que el tiempo era acabado;
y espantado también de lo que oyera,
que un poco desde aparte había escuchado,
me ayudó a consolarla, haciendo ciertas
con nuevo ofrecimiento mis ofertas.
  Ya el presuroso cielo volteando
en el mar las estrellas trastornaba,
y el Crucero las horas señalando,
entre el sur y sudueste declinaba
en mitad del silencio y noche, cuando
visto cuánto la oferta la obligaba,
reprimiendo Tegualda su lamento,
la llevamos a nuestro alojamiento;
  donde en honesta guarda y compañía
de mujeres casadas quedó, en tanto
que el esperado ya vecino día quitase
de la noche el negro manto.
Entretanto también razón sería,
pues que todos descansan y yo canto,
dejarlo hasta mañana en este estado,
que de reposo estoy necesitado.

Canto XXI

Halla Tegualda el cuerpo del marido y haciendo un llanto sobre él, le lleva a su tierra. Llegan a Penco los españoles y caballos que venían de Santiago y de La Imperial por tierra. Hace Caupolicán muestra general de su gente

¿Quién de amor hizo prueba tan bastante?
¿Quién vio tal muestra y obra tan piadosa
como la que tenemos hoy delante
desta infelice bárbara hermosa?
La fama, engrandeciéndola, levante
mi baja voz, y en alta y sonorosa
dando noticia della, eternamente
corra de lengua en lengua y gente en gente.

  Cese el uso dañoso y ejercicio
de las mordaces lenguas ponzoñosas,
que tienen de costumbre y por oficio
ofender las mujeres virtuosas.
Pues, mirándolo bien, solo este indicio,
sin haber en contrario tantas cosas,
confunde su malicia y las condena
a duro freno y vergonzosa pena.

  ¡Cuántas y cuántas vemos que han subido
a la difícil cumbre de la fama!
Iudic, Camila, la fenisa Dido
a quien Virgilio injustamente infama;
Penélope, Lucrecia, que al marido
lavó con sangre la violada cama;
Hippo, Tucia, Virginia, Fulnia, Cloelia,
Porcia, Sulpicia, Alcestes y Cornelia.

  Bien puede ser entre éstas colocada
la hermosa Tegualda pues parece
en la rara hazaña señalada
cuanto por el piadoso amor merece.
Así, sobre sus obras levantada,

entre las más famosas resplandece
y el nombre será siempre celebrado,
a la inmortalidad ya consagrado.
   Quedó pues (como dije) recogida
en parte honesta y compañía segura,
del poco beneficio agradecida,
según lo que esperaba en su ventura;
pero la aurora y nueva luz venida,
aunque el sabroso sueño con dulzura
me había los lasos miembros ya trabado,
me despertó el aquejador cuidado.
   Viniendo a toda priesa adonde estaba
firme en el triste llanto y sentimiento,
que solo un breve punto no aflojaba
la dolorosa pena y el lamento,
yo con gran compasión la consolaba,
haciéndole seguro ofrecimiento
de entregarle el marido y darle gente
con que salir pudiese libremente.
   Ella, del bien incrédulo, llorando,
los brazos estendidos, me pedía
firme seguridad; y así llamando
los indios de servicio que tenía,
salí con ella, acá y allá buscando.
Al fin, entre los muertos que allí había,
hallamos el sangriento cuerpo helado,
de una redonda bala atravesado.
   La mísera Tegualda que delante
vio la marchita faz desfigurada,
con horrendo furor en un instante
sobre ella se arrojó desatinada;
y junta con la suya, en abundante
flujo de vivas lágrimas bañada,
la boca le besaba y la herida,

por ver si le podía infundir la vida.
   «¡Ay cuitada de mí! -decía-, ¿qué hago
entre tanto dolor y desventura?
¿Cómo al injusto amor no satisfago
en esta aparejada coyuntura?
¿Por qué ya, pusilánime, de un trago
no acabo de pasar tanta amargura?
¿Qué es esto? ¿La injusticia a dónde llega,
que aun el morir forzoso se me niega?»
   Así, furiosa por morir, echaba
la rigurosa mano al blanco cuello
y no pudiendo más, no perdonaba
al afligido rostro ni al cabello,
y aunque yo de estorbarlo procuraba,
apenas era parte a defendello,
tan grande era la basca y ansia fuerte
de la rabiosa gana de la muerte.
   Después que algo las ansias aplacaron
con la gran persuasión y ruego mío
y sus promesas ya me aseguraron
del gentílico intento y desvarío,
los prestos yanaconas levantaron
sobre un tablón el yerto cuerpo frío,
llevándole en los hombros suficientes
adonde le aguardaban sus sirvientes.
   Mas porque estando así rota la guerra
no padeciese agravio y demasía,
hasta pasar una vecina sierra
le tuve con mi gente compañía;
pero llegando a la segura tierra,
encaminada en la derecha vía,
se despidió de mí reconocida
del beneficio y obra recebida.
   Vuelto al asiento, digo que estuvimos

toda aquella semana trabajando,
en la cual lo deshecho rehicimos
el foso y roto muro reparando;
de industria y fuerza al fin nos prevenimos
con buen ánimo y orden, aguardando
al enemigo campo cada día,
que era pública fama que venía.
  También tuvimos nueva que partidos
eran de Mapochó nuestros guerreros,
de armas y municiones bastecidos,
con mil caballos y dos mil flecheros.
Mas del lluvioso invierno los crecidos
raudales y las ciénagas y esteros,
llevándoles ganado, ropa y gente,
los hacían detener forzosamente.
  Estando, como digo, una mañana
llegó un indio a gran priesa a nuestro fuerte
diciendo: «¡Oh temeraria gente insana,
huid, huid la ya vecina muerte!
Que la potencia indómita araucana
viene sobre vosotros de tal suerte,
que no bastarán muros ni reparos,
ni sé lugar donde podáis salvaros».
  El mismo aviso trujo a medio día
un amigo cacique de la sierra,
afirmando por cierto que venía
todo el poder y fuerza de la tierra
con soberbio aparato, donde había
instrumentos y máquinas de guerra,
puentes, traviesas, árboles, tablones
y otras artificiosas prevenciones.
  No desmayó por esto nuestra gente,
antes venir al punto deseaba,
que el menos animoso osadamente

el lugar de más riesgo procuraba,
y con presteza y orden conveniente
todo lo necesario se aprestaba,
esperando con muestra apercebida
al día amenazador de tanta vida.
   Fuimos también por indios avisados
de nuestros espiones, que sin duda
nos darían el asalto por tres lados
al postrer cuarto de la noche muda;
así que, cuando más desconfiados,
no de divina, más de humana ayuda,
por la cumbre de un monte de repente
apareció en buen orden nuestra gente.
   ¿Quién pudiera pintar el gran contento,
el alborozo de una y otra parte,
el ordenado alarde, el movimiento,
el ronco estruendo del furioso Marte,
tanta bandera descogida al viento,
tanto pendón, divisa y estandarte,
trompas, clarines, voces, apellidos,
relinchos de caballos y bufidos?
   Ya que los unos y otros con razones
de amor y cumplimiento nos hablamos,
y para los caballos y peones
lugar cómodo y sitio señalamos,
tiendas labradas, toldos, pabellones
en la estrecha campaña levantamos
en tanta multitud, que parecía
que una ciudad allí nacido había.
   Fue causa la venida desta gente
que el ejército bárbaro vecino,
con nuevo acuerdo y parecer prudente,
mudase de propósito y camino;
que Colocolo, astuta y sabiamente,

al consejo de muchos contravino,
discurriendo por términos y modos
que redujo a su voto los de todos.
  Aunque, como ya digo, antes tuvieron
gran contienda sobre ello y diferencia
pero al fin por entonces difirieron
la ejecución de la áspera sentencia,
y el poderoso campo retrujeron
hasta tener más cierta inteligencia
del español ejército arribado,
que ya le había la fama acrecentado.
  Pero los nuestros de mostrar ganosos
aquel valor que en la nación se encierra,
enemigos del ocio, y deseosos
de entrar talando la enemiga tierra,
procuran con afectos hervorosos
apresurar la deseada guerra,
haciendo diligencia y gran instancia
en prevenir las cosas de importancia.
  Reformado el bagaje brevemente
de la jornada larga y desabrida,
y bulliciosa y esforzada gente,
ganosa de honra y de valor movida,
murmurando el reposo impertinente
pide que se acelere la partida
y el día tanto de todos deseado,
que fue de aquel en cinco señalado.
  Venido el aplazado, alegre día,
al comenzar de la primer jornada,
llegó de la Imperial gran compañía
de caballeros y de gente armada,
que en aquella ocasión partido había
por tierra, aunque rebelde y alterada,
con gran chusma y bagaje, bastecida

de municiones, armas y comida.
  Ya, pues, en aquel sitio recogidos
tantos soldados, armas, municiones,
todos los instrumentos prevenidos,
hechas las necesarias provisiones,
fueron por igual orden repartidos
los lugares, cuarteles y escuadrones,
para que en el rebato y voz primera
cada cual acudiese a su bandera.
  Caupolicán también por otra parte
con no menor cuidado y providencia
la gente de su ejército reparte
por los hombres de suerte y suficiencia,
que en el duro ejercicio y bélica arte
era de mayor prueba y esperiencia;
y todo puesto a punto, quiso un día
ver la gente y las armas que tenía.
  Era el primero que empezó la muestra
el cacique Pillilco, el cual armado
iba de fuertes armas, en la diestra
un gran bastón de acero barreado;
delante de su escuadra, gran maestra
de arrojar el certero dardo usado,
procediendo en buen orden y manera
de trece en trece iguales por hilera.
  Luego pasó detrás de los postreros
el fuerte Leucotón, a quien siguiendo
iba una espesa banda de flecheros,
gran número de tiros esparciendo.
Venía Rengo tras él con sus maceros
en paso igual y grave procediendo,
arrogante, fantástico, lozano,
con un entero líbano en la mano.
  Tras él con fiero término seguía

el áspero y robusto Tulcomara,
que vestido en lugar de arnés, traía
la piel de un fiero tigre que matara,
cuya espantosa boca le ceñía
por la frente y quijadas la ancha cara,
con dos espesas órdenes de dientes
blancos, agudos, lisos y lucientes;
　al cual en gran tropel acompañaban
su gente agreste y ásperos soldados,
que en apiñada muela le cercaban
de pieles de animales rodeados.
Luego los talcamávidas pasaban,
que son más aparentes que esforzados,
debajo del gobierno y del amparo
del jatancioso mozo Caniotaro.
　Iba siguiendo la postrer hilera
Millalermo, mancebo floreciente,
con sus pintadas armas, el cual era
del famoso Picoldo decendiente,
rigiendo los que habitan la ribera
del gran Nibequetén, que su corriente
no deja a la pasada fuente y río,
que todos no los traiga al Biobío.
　Pasó luego la muestra Mareande
con una cimitarra y ancho escudo,
mozo de presunción y orgullo grande,
alto de cuerpo, en proporción membrudo;
iba con él su primo Lepomande,
desnudo, al hombro un gran cuchillo agudo,
ambos de una devisa, rodeados
de gente armada y pláticos soldados.
　Seguía el orden tras éstos Lemolemo
arrastrando una pica poderosa
delante de su escuadra, por estremo

lucida entre las otras y vistosa;
un poco atrás del cual iba Gualemo,
cubierto de una piel dura y pelosa
de un caballo marino que su padre
había muerto en defensa de la madre.
   Cuentan, no sé si es fábula, que estando
bañándose en la mar, algo apartada,
un caballo marino allí arribando,
fue dél súbitamente arrebatada
y el marido a las voces aguijando
de la cara mujer, del pez robada,
con el dolor y pena de perdella,
al agua se arrojó luego tras ella.
   Pudo tanto el amor, que el mozo osado
al pescado alcanzó, que se alargaba
y abrazado con él, por maña, a nado
a la vecina orilla le acercaba,
donde el marino monstruo sobreaguado
(que también el amor ya le cegaba)
dio recio en seco, al tiempo que el reflujo
de las huidoras olas se retrujo.
   Soltó la presa libre y sacudiendo
la dura cola, el suelo deshacía,
y aquí y allí el gran cuerpo retorciendo
contra el mozo animoso se volvía,
el cual, sazón y punto no perdiendo,
a las cercanas armas acudía,
comenzando los dos una batalla,
que el mar calmó y el Sol paró a miralla.
   Mas con destreza el bárbaro valiente
de fuerza y ligereza acompañada
al monstruo devoraz hería en la frente
con una porra de metal herrada.
Al cabo el indio valerosamente

dio felice remate a la jornada,
dejando al gran pescado allí tendido
que más de treinta pies tenía medido.
 Y en memoria del hecho hazañoso
digno de le poner en escritura,
del pellejo del pez duro y peloso
hizo una fuerte y fácil armadura.
Muerto Guacol, Gualemo valeroso
las armas heredó y a Quilacura,
ques un valle estendido y muy poblado
de gente rica de oro y de ganado.
 Pasó tras éste luego Talcaguano,
que ciñe el mar su tierra y la rodea,
un mástil grueso en la derecha mano
que como un tierno junco le blandea,
cubierto de altas plumas, muy lozano,
siguiéndole su gente de pelea,
por los pechos al sesgo atravesadas
bandas azules, blancas y encarnadas.
 Venía tras él Tomé, que sus pisadas
seguían los puelches, gentes banderizas,
cuyas armas son puntas enastadas
de una gran braza, largas y rollizas;
y los trulos también, que usan espadas,
de fe mudable y casas movedizas,
hombres de poco efeto, alharaquientos,
de fuerza grande y chicos pensamientos.
 No falto Andalicán con su lucida
y ejercitada gente en ordenanza,
una cota finísima vestida,
vibrando la fornida y gruesa lanza;
y Orompello, de edad aun no cumplida
pero de grande muestra y esperanza,
otra escuadra de pláticos regía,

llevando al diestro Ongolmo en compañía.
   Elicura pasó luego tras éstos
armado ricamente, el cual traía
una banda de jóvenes dispuestos,
de grande presunción y gallardía.
Seguían los llaucos, de almagrados gestos,
robusta y esforzada compañía,
llevando en medio dellos por caudillo
al sucesor del ínclito Ainavillo.
   Seguía después Cayocupil, mostrando
la dispuesta persona y buen deseo,
su veterana gente gobernando
con paso grave y con vistoso arreo.
Tras él venía Purén, también guiando,
con no menor donaire y contoneo
una bizarra escuadra de soldados
en la dura milicia ejercitados.
   Según el mar las olas tiende y crece
así crece la fiera gente armada;
tiembla en torno la tierra y se estremece,
de tantos pies batida y golpeada.
Lleno el aire de estruendo se escurece
con la gran polvoreda levantada,
que en ancho remolino al cielo sube,
cual ciega niebla espesa o parda nube.
   Pues nuestro campo en orden semejante
según que dije arriba, don García
al tiempo del partir puesto delante
de aquella valerosa compañía,
con un alegre término y semblante
que dichoso suceso prometía,
moviendo los dispuestos corazones
comenzó de decir estas razones:
   «Valientes caballeros, a quien solo

el valor natural de la persona
os trujo a descubrir el austral polo,
pasando la solar tórrida zona
y los distantes trópicos, que Apolo
(por más que cerca el cielo y le corona)
jamás en ningún tiempo pasar puede
ni el Soberano Autor se lo concede:
    ya que con tanto afán habéis seguido
hasta aquí las católicas banderas
y al español dominio sometido
innumerables gentes estranjeras,
el fuerte pecho y ánimo sufrido
poned contra esos bárbaros de veras,
que, vencido esto poco, tenéis llano
todo el mundo debajo de la mano.
    Y en cuanto dilatamos este hecho
y de llegar al fin lo comenzado,
poco o ninguna cosa habemos hecho
ni aun es vuestro el honor que habéis ganado,
que, la causa indecisa, igual derecho
tiene el fiero enemigo en campo armado
a todas vuestras glorias y fortuna
pues las puede ganar con sola una.
    Lo que yo os pido de mi parte y digo
es que en estas batallas y revueltas,
aunque os haya ofendido el enemigo,
jamás vos le ofendáis a espaldas vueltas;
antes le defended como al amigo
si, volviéndose a vos las armas sueltas,
rehuyere el morir en la batalla,
pues es más dar la vida que quitalla.
    Poned a todo en la razón la mira,
por quien las armas siempre habéis tomado,
que pasando los términos la ira

pierde fuerza el derecho ya violado.
Pues cuando la razón no frena y tira
el ímpetu y furor demasiado,
el rigor excesivo en el castigo
justifica la causa al enemigo.
  No sé ni tengo más acerca desto
que decir ni advertiros con razones,
que en detener ya tanto soy molesto
la furia desos vuestros corazones.
¡Sús, sús, pues, derribad y allanad presto
las palizadas, tiendas, pabellones
y movamos de aquí todos a una
adonde ya nos llama la fortuna!»
  Súbito las escuadras presurosas
con grande alarde y con gallardo brío
marchan a las riberas arenosas
del ancho y caudaloso Biobío;
y en esquifadas barcas espaciosas
atravesaron luego el ancho río,
entrando con ejército formado
por el distrito y término vedado.
  Mas según el trabajo se me ofrece
que tengo de pasar forzosamente,
reposar algún tanto me parece
para cobrar aliento suficiente,
que la cansada voz me desfallece
y siento ya acabárseme el torrente;
mas yo me esforzaré si puedo, tanto,
que os venga a contentar el otro canto.

Canto XXII

Entran los españoles en el Estado de Arauco; traban los araucanos con ellos una reñida batalla; hace rengo de su persona gran prueba; cortan las manos por justicia a Galuarino, indio valeroso

    Pérfido amor tirano, ¿qué provecho
piensas sacar de mi desasosiego?
¿No estás de mi promesa satisfecho
que quieres afligirme desde luego?
¡Ay!, que ya siento en mi cuidoso pecho
labrarme poco a poco un vivo fuego
y desde allí con movimiento blando
ir por venas y huesos penetrando.
    ¿Tanto, traidor, te va en que yo no siga
el duro estilo del sangriento Marte,
que así de tal manera me fatiga
tu importuna memoria en cada parte?
Déjame ya, no quieras que se diga
que porque nadie quiere celebrarte,
al último rincón vas a buscarme,
y allí pones tu fuerza en aquejarme.
    ¿No ves que es mengua tuya y gran bajeza
habiendo tantos célebres varones,
venir a mendigar a mi pobreza
tan falta de concetos y razones,
y en medio de las armas y aspereza
sumido en mil forzosas ocasiones
me cargas por un sueño, quizá vano,
con tanta pesadumbre ya la mano?
    Déjame ya, que la trompeta horrenda
del enemigo bárbaro vecino
no da lugar a que otra cosa atienda,
que me tiene tomado ya el camino
donde siento fraguada una contienda,

que al más fértil ingenio y peregrino
en tal revolución embarazado,
no le diera lugar desocupado.
   ¿Qué puedo, pues, hacer, si ya metido
dentro en el campo y ocasión me veo,
sino al cabo cumplir lo prometido
aunque tire a otra parte mi deseo?
Pero a término breve reducido
por la más corta senda, sin rodeo,
pienso seguir el comenzado oficio
desnudo de ornamento y artificio.
   Vuelto a la historia, digo que marchaba
nuestro ordenado campo de manera
que gran espacio en breve se alejaba
del Talcaguano término y ribera;
mas cuando el alto Sol ya declinaba,
cerca de un agua, al pie de una ladera,
en cómodo lugar y llano asiento
hicimos el primero alojamiento.
   Estábamos apenas alojados
en el tendido llano a la marina,
cuando se oyó gritar por todos lados:
«¡Arma!, ¡arma!; ¡enfrena!, ¡enfrena!, ¡Aína, aína!»
Luego de acá y de allá los derramados,
siguiendo la ordenanza y diciplina,
corren a sus banderas y pendones
formando las hileras y escuadrones.
   Nuestros descubridores, que la tierra
iban corriendo por el largo llano,
al remate del cual está una sierra,
cerca del alto monte andalicano,
vieron de allí calar gente de guerra
cerrando el paso a la siniestra mano,
diciendo: «¡Espera!, ¡espera!; ¡Tente, tente!;

veremos quién es hoy aquí valiente».

 Los nuestros, al amparo de un repecho,
en forma de escuadrón se recogieron,
donde con muestra y animoso pecho
al ventajoso número atendieron,
pero los fieros bárbaros de hecho,
sin punto reparar, los embistieron,
haciéndoles tomar presto la vuelta
sin orden y camino, a rienda suelta.

 Aunque a veces en partes recogidos,
haciendo cuerpo y rostro, revolvían
y con mayor valor que de vencidos
al vencedor soberbio acometían.
Pero de la gran furia compelidos,
el camino empezado proseguían,
dejando a veces muerta y tropellada
alguna de la gente desmandada.

 Los presurosos indios desenvueltos,
siempre con mayor furia y crecimiento,
en una espesa polvoreda envueltos,
iban en el alcance y seguimiento.
Los nuestros a calcaño y frenos sueltos,
a la sazón con más temor que tiento,
ayudan los caballos desbocados
arrimándoles hierro a los costados.

 Pero por más que allí los aguijaban,
con voces, cuerpos, brazos y talones,
los bárbaros por pies los alcanzaban,
haciéndoles bajar de los arzones.
Al fin, necesitados, peleaban
cual los heridos osos y leones,
cuando de los lebreles aquejados
veen la guarida y pasos ocupados.

 Como el airado viento repentino

que en lóbrego turbión con gran estruendo
el polvoroso campo y el camino
va con violencia indómita barriendo,
y en ancho y presuroso remolino
todo lo coge, lleva y va esparciendo,
y arranca aquel furioso movimiento
los arraigados troncos de su asiento,
   con tal facilidad, arrebatados
de aquel furor y bárbara violencia,
iban los españoles fatigados,
sin poderse poner en resistencia.
Algunos, del honor avergonzados,
vuelven haciendo rostro y aparencia
mas otra ola de gente que llegaba
con más presteza y daño los llevaba.
   Así los iban siempre maltratando,
siguiendo el hado y próspera fortuna,
el rabioso furor ejecutando
en los rendidos, sin clemencia alguna.
Por el tendido valle resonando
la trulla y grita bárbara importuna,
que arrebatada del ligero viento
llevó presto la nueva a nuestro asiento.
   En esto por la parte del poniente
con gran presteza y no menor ruido
Juan Remón arribó con mucha gente,
que el aviso primero había tenido
y en furioso tropel, gallardamente,
alzando un ferocísimo alarido,
embistió la enemiga gente airada,
en la vitoria y sangre ya cebada.
   Mas un cerrado muro y baluarte
de duras puntas al romper hallaron,
que con estrago de una y otra parte,

hecho un hermoso choque, repararon.
Unos pasados van de parte a parte,
otros muy lejos del arzón volaron,
otros heridos, otros estropeados,
otros de los caballos tropellados.
   No es bien pasar tan presto, ¡oh pluma mía!,
las memorables cosas señaladas
y los crudos efetos deste día
de valerosas lanzas y de espadas
que, aunque ingenio mayor no bastaría
a poderlas llevar continuadas,
es justo se celebre alguna parte
de muchas en que puedes emplearte.
   El gallardo Lincoya, que arrogante
el primero escuadrón iba guiando,
con muestra airada y con feroz semblante
el firme y largo paso apresurando,
cala la gruesa pica en un instante,
y el cuento entre la tierra y pie afirmando,
recibe en el cruel hierro fornido
el cuerpo de Hernán Pérez atrevido.
   Por el lado derecho encaminado
hizo el agudo hierro gran herida,
pasando el escaupil doble estofado
y una cota de malla muy tejida.
El ancho y duro hierro ensangrentado
abrió por las espaldas la salida,
quedando el cuerpo ya descolorido
fuera de los arzones suspendido.
   Tucapelo gallardo, que al camino
salió al valiente Osorio, que corriendo
venía con mayor ánimo que tino
los herrados talones sacudiendo,
mostrando el cuerpo, al tiempo que convino

le dio lado, y la maza revolviendo
con tanta fuerza le cargó la mano
que no le dejó miembro y hueso sano.
　A Cáceres, que un poco atrás venía,
de otro golpe también le puso en tierra,
el cual con gran esfuerzo y valentía
la adarga embraza y de la espada afierra,
y contra la enemiga compañía
se puso él solo a mantener la guerra,
haciendo rostro y pie con tal denuedo
que a los más atrevidos puso miedo.
　Y aunque con gran esfuerzo se sustenta,
la fuerza contra tantos no bastaba
que ya la espesa turba alharaquienta
en confuso montón le rodeaba.
Pero en esta sazón más de cincuenta
caballos que Reinoso gobernaba
que de refresco a tiempo habían llegado,
vinieron a romper por aquel lado.
　Tan recio se embistió, que aunque hallaron
de gruesas astas un tejido muro,
el cerrado escuadrón aportillaron,
probando más de diez el suelo duro,
y al esforzado Cáceres cobraron,
que cercado de gente, mal seguro,
con ánimo feroz se sustentaba,
y matando, la muerte dilataba.
　Don Miguel y don Pedro de Auendaño,
Escobar, Juan Iufré, Cortés y Aranda,
sin mirar al peligro y riesgo estraño,
sustentan todo el peso de su banda.
También hacen efeto y mucho daño
Losada, Peña, Córdoba y Miranda,
Bernal, Lasarte, Castañeda, Ulloa,

Martín Ruiz y Iuan López de Gamboa.
   Pero muy presto la araucana gente,
en la española sangre ya cebada,
los hizo revolver forzosamente,
y seguir la carrera comenzada;
tras éstos, otra escuadra de repente
en ellos se estrelló desatinada,
mas sin ganar un paso de camino,
volver rostros y riendas le convino.
   Y aunque a veces con súbita represa
Juan Remón y los otros revolvían,
luego con nueva pérdida y más priesa
la primera derrota proseguían,
y en una polvorosa nube espesa
envueltos unos y otros ya venían,
cuando fue nuestro campo descubierto
en orden de batalla y buen concierto.
   Iban los araucanos tan cebados
que por las picas nuestras se metieron
pero vueltos en sí, más reportados,
el suelto paso y furia detuvieron
y al punto, recogidos y ordenados,
la campaña al través se retrujeron
al pie de un cerro, a la derecha mano,
cerca de una laguna y gran pantano,
   donde de nuestro cuerno arremetimos
un gran tropel a pie de gente armada,
que con presteza al arribar les dimos
espesa carga y súbita rociada;
y al cieno retirados, nos metimos
tras ellos, por venir espada a espada,
probando allí las fuerzas y el denuedo
con rostro firme y ánimo, a pie quedo.
   Jamás los alemanes combatieron

así de firme a firme y frente a frente,
ni mano a mano dando, recibieron
golpes sin descansar a manteniente
como el un bando y otro, que vinieron
a estar así en el cieno estrechamente
que echar atrás un paso no podían,
y dando apriesa, apriesa recibían.
　Quién, el húmido cieno a la cintura,
con dos y tres a veces peleaba;
quién, por mostrar mayor desenvoltura,
queriéndose mover más atascaba.
Quién, probando las fuerzas y ventura,
al vecino enemigo se aferraba
mordiéndole y cegándole con lodo,
buscando de vencer cualquiera modo.
　La furia del herirse y golpearse
andaba igual, y en duda la fortuna,
sin muestra ni señal de declararse
mínima de ventaja en parte alguna.
Ya parecían aquéllos mejorarse,
ya ganaban aquéstos la laguna
y la sangre de todos derramada
tornaba el agua turbia colorada.
　Rengo, que el odio y encendida ira
le había llevado ciego tanto trecho,
luego que nuestro campo vio a la mira
y que a dar en la muerte iba derecho,
al vecino pantano se retira,
y el fiero rostro y animoso pecho
contra todo el ejército volvía,
y en voz amenazándole decía:
　«Venid, venid a mí, gente plebea,
en mí sea vuestra saña convertida,
que soy quien os persigue y quien desea

más vuestra muerte que su propia vida.
No quiero ya descanso hasta que vea
la nación española destruida,
y en esa vuestra carne y sangre odiosa
pienso hartar mi hambre y sed rabiosa».
  Así la tierra y cielo amenazando
en medio del pantano se presenta
y la sangrienta maza floreando,
la gente de poco ánimo amedrenta.
No fue bien conocido en la voz, cuando
haciendo de sus fieros poca cuenta,
algunos españoles más cercanos
aguijamos sobre él con prestas manos.
  Mas a Juan, yanacona, que una pieza
de los otros osados se adelanta
le machuca de un golpe la cabeza,
y de otro a Chilca el cuerpo le quebranta;
y contra el joven Zúñiga endereza
el tercero, con saña y furia tanta,
que como clavo en húmido terreno
le sume hasta los pechos en el cieno.
  Pero de tiros una lluvia espesa
al animoso pecho encaminados,
turbando el aire claro, a mucha priesa
descargaron sobre él de todos lados.
Por esto el fiero bárbaro no cesa,
antes con furia y golpes redoblados,
el lodo a la cintura, osadamente
estaba por muralla de su gente.
  Cual el cerdoso jabalí herido
al cenagoso estrecho retirado,
de animosos sabuesos perseguido
y de diestros monteros rodeado,
ronca, bufa y rebufa embravecido,

vuelve y revuelve deste y de aquel lado,
rompe, encuentra, tropella, hiere y mata
los espesos tiros desbarata,
 el bárbaro esforzado de aquel modo
ardiendo en ira y de furor insano,
cubierto de sudor, de sangre y lodo,
estaba solo en medio del pantano
resistiendo la furia y golpe todo
de los tiros que de una y otra mano,
cubriendo el Sol, sin número salían
y como tempestad sobre él llovían.
 Ya el esparcido ejército obediente
que el porfiado alcance había seguido,
descubriendo en el llano a nuestra gente,
se había tirado atrás y recogido.
Solo Rengo, feroz y osadamente
sustenta igual el desigual partido,
a causa que la ciénaga era honda
y llena de espesura a la redonda.
 Viendo el fruto dudoso y daño cierto,
según la mucha gente que cargaba,
que a grande priesa en orden y concierto
desta y de aquella parte le cercaba,
por un inculto paso y encubierto,
que la fragosa sierra le amparaba,
le pareció con tiempo retirarse
y salvar sus soldados y él salvarse,
 diciéndoles: «Amigos, no gastemos
la fuerza en tiempo y acto infrutuoso;
la sangre que nos queda conservemos
para venderla en precio más costoso.
Conviene que de aquí nos retiremos
antes que en este sitio cenagoso
del enemigo puestos en aprieto,

perdamos la opinión, y él el respeto».
  Luego, la voz de Rengo obedecida,
los presurosos brazos detuvieron,
y por la parte estrecha y más tejida
al són del atambor se retrujeron.
Era áspero el lugar y la salida
y así seguir los nuestros no pudieron,
quedando algunos dellos tan sumidos,
que fue bien menester ser socorridos.
  Por la falda del monte levantado
iban los fieros bárbaros saliendo.
Rengo, bruto, sangriento y enlodado,
los lleva en retaguardia recogiendo,
como el celoso toro madrigado
que la tarda vacada va siguiendo,
volviendo acá y allá espaciosamente
el duro cerviguillo y alta frente.
  Nuestro campo por orden recogido,
retirado del todo el enemigo,
fue entre algunos un bárbaro cogido,
que mucho se alargó del bando amigo.
El cual a caso a mi cuartel traído
hubo de ser, para ejemplar castigo
de los rebeldes pueblos comarcanos,
mandándole cortar ambas las manos.
  Donde sobre una rama destroncada
puso la diestra mano, yo presente,
la cual de un golpe con rigor cortada,
sacó luego la izquierda alegremente,
que del tronco también saltó apartada,
sin torcer ceja ni arrugar la frente;
y con desdén y menosprecio dello
alargó la cabeza y tendió el cuello,
    diciendo así: «Segad esa garganta

siempre sedienta de la sangre vuestra,
que no temo la muerte ni me espanta
vuestra amenaza y rigurosa muestra,
y la importancia y pérdida no es tanta
que haga falta mi cortada diestra
pues quedan otras muchas esforzadas,
que saben gobernar bien las espadas.
 Y si pensáis sacar algún provecho
de no llegar mi vida al fin postrero,
aquí, pues, moriré a vuestro despecho,
que si queréis que viva, yo no quiero;
al fin iré algún tanto satisfecho
de que a vuestro pesar alegre muero,
que quiero con mi muerte desplaceros,
pues solo en esto puedo ya ofenderos».
 Así que contumaz y porfiado
la muerte con injurias procuraba,
y siempre más rabioso y obstinado,
sobre el sangriento suelo se arrojaba,
donde en su misma sangre revolcado
acabar ya la vida deseaba,
mordiéndose con muestras impacientes
los desangrados troncos con los dientes.
 Estando pertinaz desta manera,
templándonos la lástima el enojo,
vio un esclavo bajar por la ladera
cargado con un bárbaro despojo;
y como encarnizada bestia fiera
que ve la desmandada presa al ojo,
así con una furia arrebatada
le sale de través a la parada.
 Y en él los pies y brazos añudados,
sobre el húmido suelo le tendía,
y con los duros troncos desangrados

en las narices y ojos le batía:
al fin junto a nosotros, a bocados,
sin poderse valer se le comía,
si no fuera con tiempo socorrido,
quedando, aunque fue presto, mal herido.
  El bárbaro infernal con atrevida
voz, en pie puesto, dijo: «Pues me queda
alguna fuerza y sangre retenida
con que ofender a los cristianos pueda,
quiero acetar, a mi pesar, la vida,
aunque por modo vil se me conceda:
que yo espero sin manos desquitarme,
que no me faltarán para vengarme.
   Quedaos, quedaos, malditos, que yo os digo,
que en mí tendréis con odio y sed rabiosa,
torcedor y solícito enemigo,
cuando dañar no pueda en otra cosa.
Muy presto entenderéis cómo os persigo,
y que os fuera mi muerte provechosa».
Diciendo así otras cosas que no cuento,
partió de allí ligero como el viento.
  No es bien que así dejemos en olvido
el nombre deste bárbaro obstinado,
que por ser animoso y atrevido
el audaz Galbarino era llamado.
Mas por tanta aspereza he discurrido
que la fuerza y la voz se me ha acabado,
y así habré de parar, porque me siento
ya sin fuerza, sin voz y sin aliento.

Canto XXIII

Llega galuarino adonde estaba el senado araucano: hace en el consejo una habla con la cual desbarata los pareceres de algunos. Salen los españoles en busca del enemigo; píntase la cueva del hechicero Fitón y las cosas que en ella había

Jamás debe, Señor, menospreciarse
el enemigo vivo, pues sabemos
puede de una centella levantarse
fuego, con que después nos abrasemos,
y entonces es cordura recelarse
cuando en mayor felicidad nos vemos,
pues los que gozan próspera bonanza
están aún más sujetos a mudanza.
  Solo la muerte próspera asegura
el breve curso del felice hado,
que, mientras la incierta vida dura,
nunca hay cosa que dure en un estado.
Así que quien jamás tuvo ventura
podrá llamarse bienaventurado
y sin prosperidad vivir contento
pues no teme infelice acaecimiento.
  Y pues que ya tenemos certidumbre
que nunca hay bien seguro ni reposo,
que es ley usada, es orden y costumbre
por donde ha de pasar el más dichoso,
gastar el tiempo en esto es pesadumbre
y así, por no ser largo y enojoso,
solo quiero contar a lo que vino
el despreciar al mozo Galbarino.
  El cual, aunque herido y desangrado,
tanto el coraje y rabia le inducía
que llegó a Andalicán, donde alojado
Caupolicán su ejército tenía.

Era al tiempo que el ínclito Senado
en secreto consejo proveía
las cosas de la guerra y menesteres,
dando y tomando en ello pareceres.
  Cuál con justo temor dificultaba
la pretensión de algunos imprudente,
cuál, por mostrar valor, facilitaba
cualquier dificultoso inconveniente,
cuál un concierto lícito aprobaba,
cuál era deste voto diferente
procurando unos y otros con razones
esforzar sus discursos y opiniones.
  En esta confusión y diferencia,
Galbarino arribó apenas con vida,
el cual pidiendo para entrar licencia,
le fue graciosamente concedida
donde con la debida reverencia,
esforzando la voz enflaquecida,
falto de sangre y muy cubierto della,
comenzó desta suerte su querella:
  «Si solíades vengar, sacros varones,
las ajenas injurias tan de veras,
y en las estrañas tierras y naciones
hicieron sombra ya vuestras banderas,
¿cómo agora en las propias posesiones
unas bastardas gentes estranjeras
os vienen a oprimir y conquistaros,
y tan tibios estáis en el vengaros?
  Mirad mi cuerpo aquí despedazado,
miembro del vuestro, que por más afrenta
me envían lleno de injurias al Senado
para que dellas sepa daros cuenta.
Mirad vuestro valor vituperado
y lo que en mí el tirano os representa,

jurando no dejar cacique alguno
sin desmembrarlos todos uno a uno.
   Por cierto, bien en vano han adquirido
tanta gloria y honor vuestros agüelos
y el araucano crédito subido
en su misma virtud hasta los cielos,
si agora infame, hollado y abatido,
anda de lengua en lengua por los suelos,
y vuestra ilustre sangre resfriada,
en los sucios rincones derramada.
   ¿Qué provincia hubo ya que no tremiese
de vuestra voz en todo el mundo oída,
ni nación que las armas no rindiese
por temor o por fuerza compelida,
arribando a la cumbre porque fuese
tanto de allí mayor vuestra caída,
y al término llegase el menosprecio
donde de los pasados llegó el precio?
   Pues unos estranjeros enemigos
con título y con nombre de clemencia,
ofrecen de acetaros por amigos,
queriéndoos reducir a su obediencia.
Y si no os sometéis, que con castigos
prometen oprimir vuestra insolencia,
sin quedar del cuchillo reservado
género, religión, edad ni estado.
   Volved, volved en vos, no deis oído
a sus embustes, tratos y marañas,
pues todas se enderezan a un partido
que viene a deslustrar vuestras hazañas;
que la ocasión que aquí los ha traído
por mares y por tierras tan estrañas
es el oro goloso que se encierra
en las fértiles venas desta tierra.

Y es un color, es aparencia vana
querer mostrar que el principal intento
fue el estender la religión cristiana,
siendo el puro interés su fundamento;
su pretensión de la codicia mana,
que todo lo demás es fingimiento,
pues los vemos que son más que otras gentes
adúlteros, ladrones, insolentes.
   Cuando el siniestro hado y dura suerte
nos amenacen cierto en lo futuro,
podemos elegir honrada muerte,
remedio breve, fácil y seguro.
Poned a la fortuna el hombro fuerte,
a dura adversidad corazón duro:
que el pecho firme y ánimo invencible
allana y facilita aun lo imposible».
   No pudo decir más de desmayado
por la infinita sangre que perdía,
que el laso cuello ya debilitado
sostener la cabeza aun no podía;
así el rostro mortal desfigurado
en el sangriento suelo se tendía,
dejando, aun a los más endurecidos,
de su esperada muerte condolidos.
   Mas como no tuviese tal herida
que pudiese hallar la muerte entrada,
retuvo luego la dudosa vida,
en siéndole la sangre restañada;
y la virtud con tiempo socorrida
fue de tantos remedios confortada,
y el mozo se ayudó de tal manera,
que recobró su sanidad primera.
   Fueron de tanta fuerza sus razones
y el odio que a los nuestros concibieron,

que los más entibiados corazones
de cólera rabiosa se encendieron;
así las diferentes opiniones
a un fin y parecer se redujeron,
quedando para siempre allí escluido
quien tratase de medio y de partido.
  Los impacientes mozos, deseosos
de venir a las armas, braveaban,
y con muestras y afectos hervorosos
el espacioso tiempo apresuraban;
pero los más maduros y espaciosos
aquella ardiente cólera templaban
y el término de algunos indiscreto,
no reprobando el general decreto.
  Dejémoslos un rato, pues, tratando
de dar, no una batalla, sino ciento,
del orden, la manera, dónde y cuándo,
con varios pareceres y un intento;
que me voy poco a poco descuidando
de nuestro alborotado alojamiento
donde estuvimos todos recogidos
con buena guardia y bien apercebidos.
  Mas cuando el esperado Sol salía,
la gente de caballo en orden puesta
marchó, quedando atrás la infantería
y del campo después toda la resta,
con tal velocidad, que a mediodía
subimos la temida y agria cuesta
de blancos huesos de cristianos llena,
que despertó el cuidado y nos dio pena.
  Al araucano valle, pues, bajamos,
que el mar le bate al lado del poniente,
donde en llano lugar nos alojamos,
de comidas y pastos suficiente;

y luego con promesas enviamos
de aquella vecindad alguna gente
a requerir la tierra comarcana
con la segura paz y ley cristiana.
   Mas como al tiempo puesto no volviesen,
y pasasen después algunos días,
ni por astucia y maña no supiesen
de su resolución nuestras espías,
fue acordado que algunos se partiesen
por los vecinos pueblos y alquerías,
al salir tardo de la escasa Luna,
a tomar relación y lengua alguna.
   Así yo apercebido, sordamente,
en medio del silencio y noche escura
di sobre algunos pueblos de repente
por un gran arcabuco y espesura,
donde la miserable y triste gente
vivía por su pobreza en paz segura,
que el rumor y alboroto de la guerra
aún no la había sacado de su tierra.
   Viniendo, pues, a dar al Chayllacano,
que es donde nuestro campo se alojaba,
vi en una loma, al rematar de un llano,
por una angosta senda que cruzaba
un indio laso, flaco y tan anciano
que apenas en los pies se sustentaba,
corvo, espacioso, débil, descarnado
cual de raíces de árboles formado.
   Espantado del talle y la torpeza
de aquel retrato de vejez tardía,
llegué, por ayudarle en su pereza,
y tomar lengua dél, si algo sabía;
mas no sale con tanta ligereza
sintiendo los lebreles por la vía

la temerosa gama fugitiva
como el viejo salió la cuesta arriba.
   Yo, sin más atención y advertimiento,
arrimando las piernas al caballo,
a más correr salí en su seguimiento
pensando, aunque volaba, de alcanzallo;
mas el viejo, dejando atrás el viento,
me fue forzoso a mi pesar dejallo,
perdiéndole de vista en un instante
sin poderle seguir más adelante.
   Halléme a la bajada de un repecho
cerca de dos caminos desusados,
por donde corre Rauco más estrecho,
que le ciñen dos cerros los costados;
y mirando a lo bajo y más derecho,
en una selva de árboles copados
vi una mansa corcilla junto al río,
gustando de las hierbas y rocío.
   Ocurrió luego a la memoria mía
que la Razón en sueños me dijera
cómo había de topar a caso un día
una simple corcilla en la ribera:
y así yo, con grandísima alegría,
comencé de bajar por la ladera
paso a paso, siguiendo el un camino,
hasta que della vine a estar vecino.
   Púdelo bien hacer, que en las quebradas
era grande el rumor de la corriente,
y con pasos y orejas descuidadas
pacía la tierna hierba libremente;
pero cuando sintió ya mis pisadas
y al rumor levantó la altiva frente,
dejó el sabroso pasto y arboleda
por una estrecha y áspera vereda.

Comencéla a seguir a toda priesa
labrando a mi caballo los costados;
mas tomando otra senda, que atraviesa,
se entró por unos ásperos collados;
al cabo enderezó a una selva espesa
de matorrales y árboles cerrados,
adonde se lanzó por una senda
y yo también tras ella a toda rienda.
　　Perdí el rastro y cerróseme el camino,
sobreviniendo un aire turbulento,
y así de acá y de allá, fuera de tino,
de una espesura en otra andaba a tiento.
Vista pues mi torpeza y desatino,
arrepentido del primer intento
sin pasar adelante me volviera
si alguna senda o rastro yo supiera.
　　Gran rato anduve así descarriado,
que la oculta salida no acertaba,
cuando sentí por el siniestro lado
un arroyo que cerca mormuraba;
y al vecino rumor encaminado,
al pie de un roble que a la orilla estaba
vi una pequeña y mísera casilla
y junto a un hombre anciano la corcilla;
　　el cual dijo: «¿Qué hado o desventura
tan fuera de camino te ha traído
por este inculto bosque y espesura
donde jamás ninguno he conocido?
Que si por caso adverso y suerte dura
andas de tus banderas foragido,
haré cuanto pudiere de mi parte
en buscar el remedio y escaparte».
　　Viendo el ofrecimiento y acogida
de aquel estraño y agradable viejo,

más alegre que nunca fui en mi vida
por hallar tal ayuda y aparejo;
le dije la ocasión de mi venida,
pidiéndole me diese algún consejo
para saber la cueva do habitaba
el mágico Fitón, a quien buscaba.
 El venerable viejo y padre anciano
con un sospiro y tierno sentimiento
me tomó blandamente por la mano,
saliendo de su frágil aposento;
y por ser a la entrada del verano,
buscamos a la sombra un fresco asiento
en una pedregosa y tosca fuente,
do comenzó a decirme lo siguiente:
 «Mi tierra es en Arauco y soy llamado
el desdichado viejo Guaticolo,
que en los robustos años fui soldado
en cargo antecesor de Colocolo;
y antes, por mi persona en estacado
siete campos vencí de solo a solo,
y mil veces de ramos fue ceñida
esta mi calva frente envejecida.
 Mas como en esta vida el bien no dura
y todo está sujeto a desvarío,
mudóse mi fortuna en desventura,
y en deshonor perpetuo el honor mío:
que por estraño caso y suerte dura
perdí con Ainavillo en desafío
la gloria en tantos años adquirida,
quitándome el honor y no la vida.
 Viéndome, pues, con vida y deshonrado
(que mil veces quisiera antes ser muerto),
de cobrar el honor desesperado
me vine, como ves, a este desierto,

donde más de veinte años he morado
sin ser jamás de nadie descubierto
sino agora de ti, que ha sido cosa
no poco para mí maravillosa.
  Así que tantos tiempos he vivido
en este solitario apartamiento,
y pues que la fortuna te ha traído
a mi triste y humilde alojamiento,
haré de voluntad lo que has pedido,
que tengo con Fitón conocimiento
que, aunque intratable y áspero, es mi tío,
hermano de Guarcolo, padre mío.
  Al pie de una asperísima montaña,
pocas veces de humano pie pisada,
hace su habitación y vida estraña
en una oculta y lóbrega morada
que jamás el alegre Sol la baña,
y es a su condición acomodada,
por ser fuera de término, inhumano,
enemigo mortal del trato humano.
  Mas su saber y su poder es tanto
sobre las piedras, plantas y animales,
que alcanza por su ciencia y arte cuanto
pueden todas las causas naturales;
y en el escuro reino del espanto
apremia a los callados infernales
a que digan por áspero conjuro
pasado, presente y lo futuro.
  En la furia del Sol y luz serena
de noturnas tinieblas cubre el suelo,
y sin fuerza de vientos llueve y truena,
fuera de tiempo el sosegado cielo;
el raudo curso de los ríos enfrena,
y las aves en medio de su vuelo

vienen de golpe abajo amodorridas,
por sus fuertes palabras compelidas.
　»Las yerbas en su agosto reverdece
y entiende la virtud de cada una;
el mar revuelve, el viento le obedece
contra la fuerza y orden de la Luna.
Tiembla la firme tierra y se estremece
a su voz eficaz, sin causa alguna
que la altere y remueva por de dentro,
apretándose recio con su centro.
　Los otros poderosos elementos
a las palabras déste están sujetos
y a las causas de arriba y movimientos
hace perder la fuerza y los efetos.
Al fin por su saber y encantamentos
escudriña y entiende los secretos,
y alcanza por los astros influentes
los destinos y hados de las gentes.
　No sé, pues, cómo pueda encarecerte
el poder deste mágico adivino;
solo en tu menester quiero ofrecerte
lo que ofrecerte puede un su sobrino.
Mas para que mejor esto se acierte
será bien que tomemos el camino,
pues es la hora y sazón desocupada
que podemos tener mejor entrada».
　Luego de allí los dos nos levantamos
y atando a mi caballo de la rienda
a paso apresurado caminamos
por una estrecha y intricada senda,
la cual seguida un trecho, nos hallamos
en una selva de árboles horrenda,
que los rayos del Sol y claro cielo
nunca allí vieron el umbroso suelo.

Debajo de una peña socavada,
de espesas ramas y árboles cubierto,
vimos un callejón y angosta entrada
y más adentro una pequeña puerta
de cabezas de fieras rodeada,
la cual de par en par estaba abierta,
por donde se lanzó el robusto anciano
llevándome trabado de la mano.
  Bien por ella cien pasos anduvimos
no sin algún temor de parte mía,
cuando a una grande bóveda salimos
do un perpetua luz en medio ardía:
y a cada banda en torno della vimos
poyos puestos por orden, en que había
multitud de redomas sobre escritas
de ungüentos, yerbas y aguas infinitas.
  Vimos allí del lince preparados
los penetrantes ojos virtuosos
en cierto tiempo y conjunción sacados
y los del basilisco ponzoñosos;
sangre de hombres bermejos enojados,
espumajos de perros que rabiosos
van huyendo del agua, y el pellejo
del pecoso chersidros cuando es viejo.
  También en otra parte parecía
la coyuntura de la dura hiena,
y el meollo del cencris, que se cría
dentro de Libia en la caliente arena
y un pedazo del ala de una arpía,
la hiel de la biforme anfisibena,
y la cola del áspide revuelta,
que da la muerte en dulce sueño envuelta.
  Moho de calavera destroncada
Del cuerpo que no alcanza sepultura;

Carne de niña por nacer, sacada
No por donde la llama la natura;
Y la espina también descoyuntada
De la sierpe cerastas, y la dura
Lengua de la hemorrois, que aquel que hiere
Suda toda la sangre hasta que muere.
   Vello de cuantos monstruos prodigiosos
La superflua natura ha producido;
Escupidos de sierpes venenosos;
Las dos alas del jáculo temido;
Y de la seps los dientes ponzoñosos,
Quel hombre o animal della mordido,
De súbito hinchado como un odre,
Huesos y carne se convierte en podre.
   Estaba en un gran vaso transparente
El corazón del grifo atravesado,
Y ceniza del fénix, que en Oriente
Se quema él mismo de vivir cansado:
El unto de la scítala serpiente,
Y el pescado echineis, que en mar airado
Al curso de las naves contraviene
Y a pesar de los vientos las detiene.
   No faltaban cabezas de escorpiones
Y mortíferas sierpes enconadas;
Alacranes, y colas de dragones,
Y las piedras del águila preñadas:
Buches de los hambrientos tiburones;
Menstruo y leche de hembras azotadas,
Landres, pestes, venenos, cuantas cosas
Produce la natura ponzoñosas.
   Yo, que con atención mirando andaba
La copiosa botica embebecido,
Por una puerta, que a un rincón estaba,
Vi salir un anciano consumido,

Que sobre un corvo junco se arrimaba;
El cual luego de mí fue conocido
Ser el que había corrido por la cuesta,
Que apenas le alcanzara una ballesta.
 Diciéndome: «No es poco atrevimiento
El que, siendo tan mozo, has hoy tomado
De venir a mi oculto alojamiento.
Do sin mi voluntad nadie ha llegado;
Mas, porque sé que algún honrado intento
Tan lejos a buscarme te ha obligado,
Quiero, por esta vez, hacer contigo
Lo que nunca pensé acabar conmigo».
 Visto por mi apacible compañero
La coyuntura y tiempo favorable,
Pues el viejo, tan áspero y severo,
Se mostraba doméstico y tratable,
Se detuvo mirándome primero
Con un comedimiento y muestra afable,
Por ver si responderle yo quería;
Mas, viéndome callar, le respondía,
 Diciendo: «¡Oh gran Fitón, a quien es dado
Penetrar de los cielos los secretos,
Que del eterno curso arrebatado
No obedecen la ley, a ti sujetos!
Tú, que de la fortuna y fiero hado
Revocas cuando quieres los decretos
Y el orden natural turbas y alteras,
Alcanzando las cosas venideras;
 »Y por mágica ciencia y saber puro,
Rompiendo el cavernoso y duro suelo,
Puedes en el profundo reino escuro
Meter la claridad y luz del cielo;
Y atormentar con áspero conjuro
La caterva infernal, que con recelo

Tiembla de tu eficaz fuerza, que es tanta
Que sus eternas leyes le quebranta;
　»Sabrás que a este mancebo le ha traído
De tu espantoso nombre la gran fama,
Que, en las indas regiones extendido,
Hasta el ártico polo se derrama;
El cual por mil peligros ha rompido,
Tras su deseo corriendo, que le llama
A celebrar las cosas de la guerra
Y el sangriento destrozo desta tierra.
　»Que, estando así una noche retirado
Escribiendo el suceso de aquel día,
Súbito fue en un sueño arrebatado,
Viendo cuanto en la Europa sucedía;
Donde le fue asimismo revelado
Que en tu escondida cueva entendería
Extraños casos, dignos de memoria,
Con que ilustrar pudiese más su historia.
　»Y que noticia le darías de cosas
Ya pasadas, presentes y futuras,
Hazañas y conquistas milagrosas,
Peregrinos sucesos y aventuras,
Temerarias empresas espantosas,
Hechos que no se han visto en escrituras:
Este encarecimiento le molesta,
Y nos tiene suspensos tu respuesta».
　Holgó el mago de oír cuán extendida
Por aquella región su fama andaba,
Y vuelta a mí la cara envejecida,
Todo de arriba abajo me miraba:
Al fin, con voz pujante y expedida,
Que poco con las canas conformaba,
Aunque con muestra y gravedad severa,
La respuesta me dio desta manera:

«Aunque en razón es cosa prohibida
Profetizar los casos no llegados,
Y es menos alargar a uno la vida
Contra los estatutos de los hados;
Ya que ha sido a mi casa tu venida
Por incultos caminos desusados,
Te quiero complacer, pues mi sobrino
Viene aquí por tu intérprete y padrino».
  Diciendo así, con paso tardo y lento,
Por la pequeña puerta cavernosa
Me metió de la mano a otro aposento,
Y luego en una cámara hermosa,
Que su fábrica extraña y ornamento
Era de tal labor y tan costosa
Que no sé lengua que contarlo pueda,
Ni habrá imaginación a que no exceda.
  Tenía el suelo por orden ladrillado
De cristalinas losas transparentes,
Que el color entrepuesto y variado
Hacía labor y visos diferentes;
El cielo alto, diáfano, estrellado
De innumerables piedras relucientes,
Que toda la gran cámara alegraba
La varia luz que dellas revocaba.
  Sobre colunas de oro sustentadas
Cien figuras de bulto en torno estaban,
Por arte tan al vivo trasladadas
Que un sordo bien pensara que hablaban;
Y dellas las hazañas figuradas
Por las anchas paredes se mostraban,
Donde se vía el extremo y excelencia
De armas, letras, virtud y continencia.
  En medio desta cámara espaciosa,
Que media milla en cuadro contenía,

Estaba una gran poma milagrosa,
Que una luciente esfera la ceñía,
Que por arte y labor maravillosa
En el aire por sí se sostenía,
Que el gran círculo y máquina de dentro
Parece que estribaban en su centro.
　Después de haber un rato satisfecho
La codiciosa vista en las pinturas;
Mirando de los muros suelo y techo
La gran riqueza y varias esculturas,
El mago me llevó al globo derecho,
Y vuelto allí de rostro a las figuras,
Con el corvo callado señalando,
Comenzó de enseñarme, así hablando:
　«Habrás de saber, hijo, que estos hombres
Son los más desta vida ya pasados,
Que por grandes hazañas sus renombres
Han sido y serán siempre celebrados;
Y algunos, quede baja estirpe y nombres
Sobre sus altos hechos levantados,
Los ha puesto su próspera fortuna
En el más alto cuerno de la Luna.
　»Y esta bola que vees y compostura
Es del mundo el gran término abreviado,
Que su dificilísima hechura
Cuarenta años de estudio me ha costado.
Mas no habrá en larga edad cosa futura
Ni oculto disponer de inmóvil hado
Que muy claro y patente no me sea
Y tenga aquí su muestra y viva idea.
　»Mas, pues tus aparencias generosas
Son de escribir los actos de la guerra,
Y por fuerza de estrellas rigurosas
Tendrás materia larga en esta tierra,

Dejaré de aclararte algunas cosas
Que la presente poma y mundo encierra,
Mostrándote una sola que te espante,
Para lo que pretendes importante:
   »Que, pues en nuestro Arauco ya se halla
Materia a tu propósito cortada,
Donde la espada y defensiva malla
Es más que en otra parte frecuentada,
Solo te falta una naval batalla,
Con que será tu historia autorizada,
Y escribirás las cosas de la guerra
Así de mar también como de tierra.
   »La cual verás aquí tal, que te juro
Que, vista, la tendremos por dudosa,
Y en el pasado tiempo y el futuro
No se vio ni verá tan espantosa;
Y el gran Mediterráneo mar seguro
Quedará por la gente vitoriosa,
Y la parte vencida y destrozada
La marítima fuerza quebrantada.
   »Por tanto, a mis palabras no te alteres,
Ni te espante el horrísono conjuro,
Que, si atento con ánimo estuvieres,
Verás aquí presente lo futuro:
Todo, punto por punto, lo que vieres,
Lo disponen los hados, y aseguro
Que podrás, como digo, ser de vista
Testigo y verdadero coronista».
   Yo, con mayor codicia, por un lado
Llegué el rostro a la bola transparente,
Donde vi dentro un mundo fabricado
Tan grande como el nuestro, y tan patente
Como en redondo espejo relegado,
Llegando junto el rostro, claramente

Vemos dentro un anchísimo palacio,
Y en muy pequeña forma, grande espacio.
   Y por aquel lugar se descubría
El turbado y revuelto mar Ausonio,
Donde se difinió la gran porfía
Entre César Augusto y Marco Antonio;
Así en la misma forma parecía
Por la banda de Lepanto y Favonio,
Junto las Curchulares, hacia el puerto,
De galeras el ancho mar cubierto.
   Mas, viendo las devisas señaladas
Del Papa, de Felipe y venecianos,
Luego reconocí ser las armadas
De los infieles turcos y cristianos,
Que, en orden de batalla aparejadas,
Para venir estaban a las manos,
Aunque a mi parecer no se movían,
Ni más que figuradas parecían.
   Pero el mago Fitón me dijo:
«Presto Verás una naval batalla extraña,
Donde se mostrará bien manifiesto
El supremo valor de vuestra España».
Y luego con airado y fiero gesto,
Hiriendo el ancho globo con la caña
Una vez al través, otra al derecho,
Sacó una horrible voz del ronco pecho.
   Diciendo: «¡Orco amarillo, Can cerbero!
¡Oh gran Plutón, retor del bajo infierno!
¡Oh cansado Carón, viejo barquero!
¡Y vos, laguna Estigia y lago Averno!
¡Oh Demogorgon, tú que lo postrero
Habitas del tartáreo reino eterno,
Y las hervientes aguas de Aqueronte,
De Leteo, Cocito y Flegetonte!

    »¡Y vos, Furias, que así con crueldades
Atormentáis las ánimas dañadas,
Que aún temen ver las ínferas deidades
Vuestras frentes de víboras crinadas;
Y vosotras, Gorgóneas potestades,
Por mis fuertes palabras apremiadas
Haced que claramente aquí se vea,
(Aunque futura) esta naval pelea!
    »¡Y tú, Hécate ahumada y mal compuesta,
Nos muestra lo que pido aquí visible!
¡Hola! ¿a quién digo? ¿qué tardanza es ésta
Que no os hace temblar mi voz terrible?
Mirad que romperé la tierra opuesta
Y os heriré con luz aborrecible,
Y por fuerza absoluta y poder nuevo
Quebrantaré las leyes del Erebo».
    No acabó de decir bien esto, cuando
Las aguas en el mar se alborotaron,
Y el seco lesnordeste respirando,
Las cuerdas y anchas velas se estiraron;
Y aquellas gentes súbito anhelando
Poco a poco moverse comenzaron,
Haciendo de aquel modo en los objetos
Todas las demás causas sus efetos.
    Mirando (aunque espantado) atentamente
La multitud de gente que allí había,
Vi que escrito de letras en la frente
Su nombre y cargo cada cual tenía;
Y mucho me admiró los que al presente
En la primera edad yo conocía,
Verlos en su vigor y años lozanos,
Y otros floridos jóvenes ya canos.
    Luego, pues, los cristianos dispararon
Una pieza en señal de rompimiento,

Y en alto un crucifijo enarbolaron,
Que acrecentó el hervor y encendimiento:
Todos humildemente le salvaron
Con grande devoción y acatamiento,
Bajo del cual estaban a los lados
Las armas de los fieles coligados.
 En esto, con rumor de varios sones,
Acercándose siempre, caminaban;
Estandartes, banderas y pendones
Sobre las altas popas tremolaban:
Las ordenadas bandas y escuadrones,
Esgrimiendo las armas, se mostraban
En torno las galeras rodeadas
De cañones de bronce y pavesadas.
 Mas en el bajo tono que ahora llevo
No es bien que de tan grande cosa cante,
Que, cierto, es menester aliento nuevo,
Lengua más expedida y voz pujante:
Así, medroso desto, no me atrevo
A proseguir, señor, más adelante.
En el siguiente y nuevo canto os pido
Me deis vuestro favor y atento oído.

Canto XXIV
En este canto solo se contiene la gran batalla naval, el desbarate y rota de la armada turquesca con la huida de Ochalí

La sazón, gran Felipe, es ya llegada
en que mi voz, de vos favorecida,
cante la universal y gran jornada
en las ausonias olas definida;
la soberbia otomana derrocada,
su marítima fuerza destruida,
los varios hados, diferentes suertes,
el sangriento destrozo y crudas muertes.
　Abridme, ¡oh sacras Musas!, vuestra fuente
y dadme nuevo espíritu y aliento,
con estilo y lenguaje conveniente
a mi arrojado y grande atrevimiento
para decir estensa y claramente
desde naval conflito el rompimiento
y las gentes que están juntas a una
debajo deste golpe de fortuna.
　¿Quién bastará a contar los escuadrones
y el número copioso de galeras,
la multitud y mezcla de naciones,
estandartes, enseñas y banderas;
las defensas, pertrechos, municiones,
las diferencias de armas y maneras,
máquinas, artificios y instrumentos,
aparatos, divisas y ornamentos?
　Vi corvatos, dalmacios, esclavones,
búlgaros, albaneses, trasilvanos,
tártaros, tracios, griegos, macedones,
turcos, lidios, armenios, gorgianos,
sirios, árabes, licios, licaones,
númidas, sarracenos, africanos,

genízaros, sanjacos, capitanes,
chauces, behelerbeyes y bajanes.
　Vi allí también de la nación de España
la flor de juventud y gallardía,
la nobleza de Italia y de Alemaña,
una audaz y bizarra compañía:
todos ornados de riqueza estraña,
con animosa muestra y lozanía,
y en las popas, carceses y trinquetes,
flámulas, banderolas, gallardetes.
　Así las dos armadas, pues, venían
en tal manera y orden navegando
que dos espesos bosques parecían
que poco a poco se iban allegando.
Las cicaladas armas relucían
en el inquieto mar reverberando,
ofendiendo la vista desde lejos
las agudas vislumbres y reflejos.
　Por nuestra armada al uno y otro lado
una presta fragata discurría,
donde venía un mancebo levantado
de gallarda aparencia y bizarría,
un riquísimo y fuerte peto armado,
con tanta autoridad, que parecía
en su disposición, figura y arte,
hijo de la Fortuna y del dios Marte.
　Yo, codicioso de saber quién era,
aficionado al talle y apostura,
mirando atentamente la manera,
el aire, el ademán y compostura,
en la fuerte celada, en la testera
vi escrito en el relieve y grabadura
(de letras de oro, el campo en sangre tinto):
DON IUAN, HIJO DE CÉSAR CARLOS QUINTO.

El cual acá y allá siempre corría
por medio del bullicio y alboroto
y en la fragata cerca del venía
el viejo secretario, Juan de Soto,
de quien el mago anciano me decía
ser en todas las cosas de gran voto,
persona de discursos y esperiencia,
de muchas expedición y suficiencia.
  Don Iuan a la sazón los exhortaba
a la batalla y trance peligroso,
con ánimo y valor que aseguraba
por cierta la vitoria y fin dudoso;
y su gran corazón facilitaba
lo que el temor hacía dificultoso,
derramando por toda aquella gente
un bélico furor y fuego ardiente
  diciendo: «¡Oh valerosa compañía,
muralla de la Iglesia inexpugnable,
llegada es la ocasión, éste es el día
que dejáis vuestro nombre memorable,
calad armas y remos a porfía
y la invencible fuerza y fe inviolable
mostrad contra estos pérfidos paganos
que vienen a morir a vuestras manos!
  Que quien volver de aquí vivo desea
al patrio nido y casa conocida,
por medio desa armada gente crea
que ha de abrir con la espada la salida;
así cada cual mire que pelea
por su Dios, por su Rey y por la vida,
que no puede salvarla de otra suerte
si no es trayendo el enemigo a muerte.
  «Mirad que del valor y espada vuestra
hoy el gran peso y ser del mundo pende;

y entienda cada cual que está en su diestra
toda la gloria y premio que pretende.
Apresuremos la fortuna nuestra
que la larga tardanza nos ofende
pues no estáis de cumplir vuestro deseo
mas del poco de mar que en medio veo.
 Vamos, pues, a vencer; no detengamos
nuestra buena fortuna que nos llama;
del hado el curso próspero sigamos
dando materia y fuerzas a la fama:
que solo deste golpe derribamos
la bárbara arrogancia y se derrama
el sonoroso estruendo desta guerra
por todos los confines de la tierra.
 Mirad por ese mar alegremente
cuánta gloria os está ya aparejada,
que Dios aquí ha juntado tanta gente
para que a nuestros pies sea derrocada,
y someta hoy aquí todo el Oriente
a nuestro yugo la cerviz domada
y a sus potentes príncipes y reyes
les podamos quitar y poner leyes.
 «Hoy con su perdición establecemos
en todo el mundo el crédito cristiano,
que quiere nuestro Dios que quebrantemos
el orgullo y furor mahometano.
¿Qué peligro, ¡oh varones!, temeremos
militando debajo de tal mano?
¿Y quién resistirá vuestras espadas
por la divina mano gobernadas?
 Solo os ruego que, en Cristo confiando
que a la muerte de cruz por vos se ofrece,
combata cada cual por Él mostrando
que llamarse su mílite merece.

Con propósito firme protestando
de vencer o morir, que si parece
la vitoria de premio y gloria llena,
la muerte por tal Dios no es menos buena.
   Y pues con este fin nos dispusimos
al peligro y rigor desta jornada
y en la defensa de su ley venimos
contra esa gente infiel y renegada,
la justísima causa que seguimos
nos tiene la vitoria asegurada,
así que ya del cielo prometido,
os puedo yo afirmar que habéis vencido».
   Súbito allí los pechos más helados
de furor generoso se encendieron,
y de los torpes miembros resfriados,
el temor vergonzoso sacudieron.
Todos, los diestros brazos levantados,
la vitoria o morir le prometieron,
teniendo en poco ya desde aquel punto
el contrario poder del mundo junto.
   El valeroso joven, pues, loando
aquella voluntad asegurada,
con súbita presteza el mar cortando,
atravesó por medio de la armada
de blanca espuma el rastro levantando,
cual luciente cometa arrebatada,
cuando veloz, rompiendo el aire espeso,
le suele así dejar gran rato impreso.
   Así que brevemente habiendo puesto
en orden las galeras y la gente,
a la suya real se acosta presto,
donde fue saludado alegremente;
y señalando a cada cual su puesto
con el concierto y modo conveniente,

zafa la artillería, y alistada,
iba la vuelta de la turca armada.
    Llevaba el cuerno de la diestra mano
el sucesor del ínclito Andrea Doria,
de quien el largo mar Mediterrano
hará perpetua y célebre memoria
y Augustín Barbarigo, veneciano,
proveedor de la armada senatoria,
llevaba el otro cuerno a la siniestra
con orden no menor y bella muestra.
    Pues los cuernos iguales y ordenados
la batalla guiaba el hijo dino
del gran Carlos, cerrando los dos lados
las galeras de Malta y Lomelino;
la del Papa y Venecia a los costados,
así continuaban su camino,
cargando con igual compás y estremos
las anchas palas de los largos remos.
    Iban seis galeazas delanteras,
bastecidas de gente y artilladas,
puestas de dos en dos en las fronteras,
que a manera de Luna iban cerradas.
Seguían luego detrás treinta galeras
al general socorro señaladas,
donde el marqués de Santa Cruz venía
con una valerosa compañía.
    Por el orden y término que cuento
la católica armada caminaba
la vuelta de la infiel que a sobreviento,
ganándole la mar, se aventajaba;
pero luego a deshora calmó el viento
y el alto mar sus olas allanaba,
remitiendo fortuna la sentencia
al valor de los brazos y excelencia.

    Opuesto al Barbarigo, al cuerno diestro
va Siroco, virrey de Alejandría,
con Memeth Bey, cosario y gran maestro,
que a Negroponto a la sazón regía.
Ochalí, renegado, iba al siniestro
con Carabey, su hijo en compañía
y en medio en la batalla bien cerrada
Alí, gran general de aquella armada.
    El cual, reconociendo el duro hado,
y de su perdición la hora postrera,
como prudente capitán y osado,
de la alta popa en la real galera,
con un semblante alegre y confiado
que mostraba, fingido por defuera,
el cristiano poder disminuyendo,
hizo esta breve plática, diciendo:
    «No será menester, soldados, creo,
moveros ni incitaros con razones,
que ya por las señales que en vos veo,
se muestran bien las fieras intenciones;
echad fuera la ira y el deseo
desos vuestros fogosos corazones
y las armas tomad, en cuyo hecho
los hados ponen hoy nuestro derecho:
    que jamás la fortuna a nuestros ojos
se mostró tan alegre y descubierta
pues cargada de gloria y de despojos,
se viene ya a meter por nuestra puerta.
Rematad el trabajo y los enojos
desta prolija guerra, haciendo cierta
la esperanza y el crédito estimado
que de vuestro valor siempre habéis dado.
    No os altere la muestra y el ruido
con que se acerca la enemiga armada:

que sabed que ese ejército movido
y gente de mil reinos allegada,
Fortuna a una cerviz la ha reducido
porque pueda de un golpe ser cortada,
y deis por vuestra mano en solo un día
del mundo al Gran Señor la monarquía.
  Que esas gentes sin orden que allí vienen
en el valor y número inferiores,
son las que nos impiden y detienen
el ser de todo el mundo vencedores.
Muestren las armas el poder que tienen,
tomad de esos indignos posesores
las provincias y reinos del Poniente
que os vienen a entregar tan ciegamente.
  Que ese su capitán envanecido
es de muy poca edad y suficiencia,
indignamente al cargo promovido,
sin curso, diciplina ni esperiencia
y así, presuntuoso y atrevido,
con ardor juvenil y inadvertencia
trae toda esa gente condenada
a la furia y rigor de vuestra espada.
  No penséis que nos venden muy costosa
los hados la vitoria deste día,
que lo más desa armada temerosa
es de la veneciana Señoría,
gente no ejercitada ni industriosa,
dada más al regalo y pulicía
y a las blandas delicias de su tierra
que al robusto ejercicio de la guerra.
  Y esotra turbamulta congregada
es pueblo soez y bárbara canalla
de diversas naciones amasada,
en quien conformidad jamás se halla.

Gente que nunca supo qué es espada,
que antes que se comience la batalla
y el espantoso són de artillería
la romperá su misma vocería.
　Mas vosotros, varones invencibles,
entre las armas ásperas criados
y en guerras y trabajos insufribles
tantas y tantas veces aprobados,
¿qué peligros habrá ya tan terribles
ni contrarios ejércitos ligados
que basten a poneros algún miedo,
ni a resfriar vuestro ánimo y denuedo?
　Ya me parece ver gloriosamente
la riza y mortandad de vuestra mano
y ese interpuesto mar con más creciente,
teñido en roja sangre el color cano.
Abrid, pues, y romped por esa gente,
echad a fondo ya el poder cristiano
tomando posesión de un golpe solo
del Gange a Chile y de uno al otro polo».
　Así el Bajá en el limitado trecho
los dispuestos soldados animaba
y de la heroica empresa y alto hecho
el próspero suceso aseguraba
pero en lo hondo del secreto pecho
siempre el negocio más dificultaba,
tomando por agüero ya contrario
la gran resolución del adversario.
　Y más cuando un genízaro forzado
que iba sobre la gata descubriendo,
después de haberse bien certificado
las galeras de allí reconociendo,
dijo: «El cuerpo de en medio y diestro lado
y el socorro que atrás viene siguiendo,

si mi vista de aquí no desatina,
es de la armada y gente ponentina».

  Sintió el Bajá no menos que la muerte
lo que el cristiano cierto le afirmaba
pero mostrando esfuerzo y pecho fuerte
el secreto dolor disimulaba,
y así al cuerpo de en medio, que por suerte
según orden de guerra le tocaba,
enderezó su escuadra aventajada
de sus tendidos cuernos abrigada.

  Llegado el punto ya del rompimiento
que los precisos hados señalaron,
con una furia igual y movimiento
las potentes armadas se juntaron,
donde por todas partes a un momento
los cargados cañones dispararon
con un terrible estrépito de modo
que parecía temblar el mundo todo.

  El humo, el fuego, el espantoso estruendo
de los furiosos tiros escupidos,
el recio destroncar y encuentro horrendo
de las proas y mástiles rompidos,
el rumor de las armas estupendo,
las varias voces, gritos y apellidos,
todo en revuelta confusión hacía
espectáculo horrible y armonía.

  No la ciudad de Príamo asolada
por tantas partes sin cesar ardía
ni el crudo efeto de la griega espada
con tal rigor y estrépito se oía,
como la turca y la cristiana armada
que, envuelta en humo y fuego, parecía
no solo arder el mar, hundirse el suelo,
pero venirse abajo el alto cielo.

El gallardo don Iuan, reconocida
la enemiga real que iba en la frente,
hendiendo recio el agua rebatida
rompe por medio de la llama ardiente;
mas la turca, con ímpetu impelida
le sale a recebir, donde igualmente
se embisten con furiosos encontrones
rompiendo los herrados espolones.
   No estaban las reales aferradas
cuando de gran tropel sobrevinieron
siete galeras turcas bien armadas
que en la cristiana súbito embistieron;
pero de no menor furia llevadas,
al socorro sobre ellas acudieron
de la derecha y de la izquierda mano
la general del Papa y veneciano,
   do con segunda autoridad venía
por general del Sumo Quinto Pío
Marco Antonio Colona, a quien seguía
una escuadra de mozos de gran brío;
tras la cual al socorro arremetía
por el camino y paso más vacío
la Patrona de España y Capitana,
rompiendo el golpe y multitud pagana.
   El Príncipe de Parma valeroso,
que iba en la capitana ginovesa
hendiendo el mar revuelto y espumoso,
se arroja en medio de la escuadra apriesa.
La confusión y revolver furioso
y del humo la negra nube espesa
la codiciosa vista me impedía
y así a muchos allí desconocía.
   Mons de Leñí con su galera presto
por su parte embistió y cerró el camino,

donde llegó de los primeros puesto
el valeroso príncipe de Urbino,
que a la bárbara furia contrapuesto,
con ánimo y esfuerzo peregrino,
gallarda y singular prueba hacía
de su valor, virtud y valentía.
   Luego con igual ímpetu y denuedo
llegan unas con otras abordarse,
cerrándose tan juntas que a pie quedo
pueden con las espadas golpearse.
No bastaba la muerte a poner miedo
ni allí se vio peligro rehusarse,
aunque al arremeter viesen derechos
disparar los cañones a los pechos.
   Así la airada gente, deseosa
de ejecutar sus golpes, se juntaban
y cual violenta tempestad furiosa,
los tiros y altos brazos descargaban.
Era de ver la priesa hervorosa
con que las fieras armas meneaban,
la mar de sangre súbito cubierta,
comenzó a recebir la gente muerta.
   Por las proas, por popas y costados
se acometen y ofenden sin sosiego:
unos cayendo mueren ahogados,
otros a puro hierro, otros a fuego,
no faltando en los puestos desdichados
quien a los muertos sucediese luego:
que muerte ni rigor de artillería,
jamás bastó a dejar plaza vacía. La sazón, gran
   Felipe, es ya llegada
en que mi voz, de vos favorecida,
cante la universal y gran jornada
en las ausonias olas definida;

la soberbia otomana derrocada,
su marítima fuerza destruida,
los varios hados, diferentes suertes,
el sangriento destrozo y crudas muertes.
    Abridme, ¡oh sacras Musas!, vuestra fuente
y dadme nuevo espíritu y aliento,
con estilo y lenguaje conveniente
a mi arrojado y grande atrevimiento
para decir estensa y claramente
desde naval conflito el rompimiento
y las gentes que están juntas a una
debajo deste golpe de fortuna.
    ¿Quién bastará a contar los escuadrones
y el número copioso de galeras,
la multitud y mezcla de naciones,
estandartes, enseñas y banderas;
las defensas, pertrechos, municiones,
las diferencias de armas y maneras,
máquinas, artificios y instrumentos,
aparatos, divisas y ornamentos?
    Vi corvatos, dalmacios, esclavones,
búlgaros, albaneses, trasilvanos,
tártaros, tracios, griegos, macedones,
turcos, lidios, armenios, gorgianos,
sirios, árabes, licios, licaones,
númidas, sarracenos, africanos,
genízaros, sanjacos, capitanes,
chauces, behelerbeyes y bajanes.
    Vi allí también de la nación de España
la flor de juventud y gallardía,
la nobleza de Italia y de Alemaña,
una audaz y bizarra compañía:
todos ornados de riqueza estraña,
con animosa muestra y lozanía,

y en las popas, carceses y trinquetes,
flámulas, banderolas, gallardetes.
  Así las dos armadas, pues, venían
en tal manera y orden navegando
que dos espesos bosques parecían
que poco a poco se iban allegando.
Las cicaladas armas relucían
en el inquieto mar reverberando,
ofendiendo la vista desde lejos
las agudas vislumbres y reflejos.
  Por nuestra armada al uno y otro lado
una presta fragata discurría,
donde venía un mancebo levantado
de gallarda aparencia y bizarría,
un riquísimo y fuerte peto armado,
con tanta autoridad, que parecía
en su disposición, figura y arte,
hijo de la Fortuna y del dios Marte.
  Yo, codicioso de saber quién era,
aficionado al talle y apostura,
mirando atentamente la manera,
el aire, el ademán y compostura,
en la fuerte celada, en la testera
vi escrito en el relieve y grabadura
(de letras de oro, el campo en sangre tinto):
DON IUAN, HIJO DE CÉSAR CARLOS QUINTO.
  El cual acá y allá siempre corría
por medio del bullicio y alboroto
y en la fragata cerca del venía
el viejo secretario, Juan de Soto,
de quien el mago anciano me decía
ser en todas las cosas de gran voto,
persona de discursos y esperiencia,
de muchas expedición y suficiencia.

    Don Iuan a la sazón los exhortaba
a la batalla y trance peligroso,
con ánimo y valor que aseguraba
por cierta la vitoria y fin dudoso;
y su gran corazón facilitaba
lo que el temor hacía dificultoso,
derramando por toda aquella gente
un bélico furor y fuego ardiente
    diciendo: «¡Oh valerosa compañía,
muralla de la Iglesia inexpugnable,
llegada es la ocasión, éste es el día
que dejáis vuestro nombre memorable,
calad armas y remos a porfía
y la invencible fuerza y fe inviolable
mostrad contra estos pérfidos paganos
que vienen a morir a vuestras manos!
    Que quien volver de aquí vivo desea
al patrio nido y casa conocida,
por medio desa armada gente crea
que ha de abrir con la espada la salida;
así cada cual mire que pelea
por su Dios, por su Rey y por la vida,
que no puede salvarla de otra suerte
si no es trayendo el enemigo a muerte.
    «Mirad que del valor y espada vuestra
hoy el gran peso y ser del mundo pende;
y entienda cada cual que está en su diestra
toda la gloria y premio que pretende.
Apresuremos la fortuna nuestra
que la larga tardanza nos ofende
pues no estáis de cumplir vuestro deseo
mas del poco de mar que en medio veo.
    Vamos, pues, a vencer; no detengamos
nuestra buena fortuna que nos llama;

del hado el curso próspero sigamos
dando materia y fuerzas a la fama:
que solo deste golpe derribamos
la bárbara arrogancia y se derrama
el sonoroso estruendo desta guerra
por todos los confines de la tierra.
  Mirad por ese mar alegremente
cuánta gloria os está ya aparejada,
que Dios aquí ha juntado tanta gente
para que a nuestros pies sea derrocada,
y someta hoy aquí todo el Oriente
a nuestro yugo la cerviz domada
y a sus potentes príncipes y reyes
les podamos quitar y poner leyes.
  «Hoy con su perdición establecemos
en todo el mundo el crédito cristiano,
que quiere nuestro Dios que quebrantemos
el orgullo y furor mahometano.
¿Qué peligro, ¡oh varones!, temeremos
militando debajo de tal mano?
¿Y quién resistirá vuestras espadas
por la divina mano gobernadas?
  Solo os ruego que, en Cristo confiando
que a la muerte de cruz por vos se ofrece,
combata cada cual por Él mostrando
que llamarse su mílite merece.
Con propósito firme protestando
de vencer o morir, que si parece
la vitoria de premio y gloria llena,
la muerte por tal Dios no es menos buena.
  Y pues con este fin nos dispusimos
al peligro y rigor desta jornada
y en la defensa de su ley venimos
contra esa gente infiel y renegada,

la justísima causa que seguimos
  nos tiene la vitoria asegurada,
  así que ya del cielo prometido,
  os puedo yo afirmar que habéis vencido».
   Súbito allí los pechos más helados
  de furor generoso se encendieron,
  y de los torpes miembros resfriados,
  el temor vergonzoso sacudieron.
  Todos, los diestros brazos levantados,
  la vitoria o morir le prometieron,
  teniendo en poco ya desde aquel punto
  el contrario poder del mundo junto.
   El valeroso joven, pues, loando
  aquella voluntad asegurada,
  con súbita presteza el mar cortando,
  atravesó por medio de la armada
  de blanca espuma el rastro levantando,
  cual luciente cometa arrebatada,
  cuando veloz, rompiendo el aire espeso,
  le suele así dejar gran rato impreso.
   Así que brevemente habiendo puesto
  en orden las galeras y la gente,
  a la suya real se acosta presto,
  donde fue saludado alegremente;
  y señalando a cada cual su puesto
  con el concierto y modo conveniente,
  zafa la artillería, y alistada,
  iba la vuelta de la turca armada.
   Llevaba el cuerno de la diestra mano
  el sucesor del ínclito Andrea Doria,
  de quien el largo mar Mediterrano
  hará perpetua y célebre memoria
  y Augustín Barbarigo, veneciano,
  proveedor de la armada senatoria,

llevaba el otro cuerno a la siniestra
con orden no menor y bella muestra.
   Pues los cuernos iguales y ordenados
la batalla guiaba el hijo dino
del gran Carlos, cerrando los dos lados
las galeras de Malta y Lomelino;
la del Papa y Venecia a los costados,
así continuaban su camino,
cargando con igual compás y estremos
las anchas palas de los largos remos.
   Iban seis galeazas delanteras,
bastecidas de gente y artilladas,
puestas de dos en dos en las fronteras,
que a manera de Luna iban cerradas.
Seguían luego detrás treinta galeras
al general socorro señaladas,
donde el marqués de Santa Cruz venía
con una valerosa compañía.
   Por el orden y término que cuento
la católica armada caminaba
la vuelta de la infiel que a sobreviento,
ganándole la mar, se aventajaba;
pero luego a deshora calmó el viento
y el alto mar sus olas allanaba,
remitiendo fortuna la sentencia
al valor de los brazos y excelencia.
   Opuesto al Barbarigo, al cuerno diestro
va Siroco, virrey de Alejandría,
con Memeth Bey, cosario y gran maestro,
que a Negroponto a la sazón regía.
Ochalí, renegado, iba al siniestro
con Carabey, su hijo en compañía
y en medio en la batalla bien cerrada
Alí, gran general de aquella armada.

El cual, reconociendo el duro hado,
y de su perdición la hora postrera,
como prudente capitán y osado,
de la alta popa en la real galera,
con un semblante alegre y confiado
que mostraba, fingido por defuera,
el cristiano poder disminuyendo,
hizo esta breve plática, diciendo:
　　«No será menester, soldados, creo,
moveros ni incitaros con razones,
que ya por las señales que en vos veo,
se muestran bien las fieras intenciones;
echad fuera la ira y el deseo
desos vuestros fogosos corazones
y las armas tomad, en cuyo hecho
los hados ponen hoy nuestro derecho:
　　que jamás la fortuna a nuestros ojos
se mostró tan alegre y descubierta
pues cargada de gloria y de despojos,
se viene ya a meter por nuestra puerta.
Rematad el trabajo y los enojos
desta prolija guerra, haciendo cierta
la esperanza y el crédito estimado
que de vuestro valor siempre habéis dado.
　　No os altere la muestra y el ruido
con que se acerca la enemiga armada:
que sabed que ese ejército movido
y gente de mil reinos allegada,
Fortuna a una cerviz la ha reducido
porque pueda de un golpe ser cortada,
y deis por vuestra mano en solo un día
del mundo al Gran Señor la monarquía.
　　Que esas gentes sin orden que allí vienen
en el valor y número inferiores,

son las que nos impiden y detienen
el ser de todo el mundo vencedores.
Muestren las armas el poder que tienen,
tomad de esos indignos posesores
las provincias y reinos del Poniente
que os vienen a entregar tan ciegamente.
 Que ese su capitán envanecido
es de muy poca edad y suficiencia,
indignamente al cargo promovido,
sin curso, diciplina ni esperiencia
y así, presuntuoso y atrevido,
con ardor juvenil y inadvertencia
trae toda esa gente condenada
a la furia y rigor de vuestra espada.
 No penséis que nos venden muy costosa
los hados la vitoria deste día,
que lo más desa armada temerosa
es de la veneciana Señoría,
gente no ejercitada ni industriosa,
dada más al regalo y pulicía
y a las blandas delicias de su tierra
que al robusto ejercicio de la guerra.
 Y esotra turbamulta congregada
es pueblo soez y bárbara canalla
de diversas naciones amasada,
en quien conformidad jamás se halla.
Gente que nunca supo qué es espada,
que antes que se comience la batalla
y el espantoso són de artillería
la romperá su misma vocería.
 Mas vosotros, varones invencibles,
entre las armas ásperas criados
y en guerras y trabajos insufribles
tantas y tantas veces aprobados,

¿qué peligros habrá ya tan terribles
ni contrarios ejércitos ligados
que basten a poneros algún miedo,
ni a resfriar vuestro ánimo y denuedo?
   Ya me parece ver gloriosamente
la riza y mortandad de vuestra mano
y ese interpuesto mar con más creciente,
teñido en roja sangre el color cano.
Abrid, pues, y romped por esa gente,
echad a fondo ya el poder cristiano
tomando posesión de un golpe solo
del Gange a Chile y de uno al otro polo».
   Así el Bajá en el limitado trecho
los dispuestos soldados animaba
y de la heroica empresa y alto hecho
el próspero suceso aseguraba
pero en lo hondo del secreto pecho
siempre el negocio más dificultaba,
tomando por agüero ya contrario
la gran resolución del adversario.
   Y más cuando un genízaro forzado
que iba sobre la gata descubriendo,
después de haberse bien certificado
las galeras de allí reconociendo,
dijo: «El cuerpo de en medio y diestro lado
y el socorro que atrás viene siguiendo,
si mi vista de aquí no desatina,
es de la armada y gente ponentina».
   Sintió el Bajá no menos que la muerte
lo que el cristiano cierto le afirmaba
pero mostrando esfuerzo y pecho fuerte
el secreto dolor disimulaba,
y así al cuerpo de en medio, que por suerte
según orden de guerra le tocaba,

    enderezó su escuadra aventajada
    de sus tendidos cuernos abrigada.
       Llegado el punto ya del rompimiento
    que los precisos hados señalaron,
    con una furia igual y movimiento
    las potentes armadas se juntaron,
    donde por todas partes a un momento
    los cargados cañones dispararon
    con un terrible estrépito de modo
    que parecía temblar el mundo todo.
       El humo, el fuego, el espantoso estruendo
    de los furiosos tiros escupidos,
    el recio destroncar y encuentro horrendo
    de las proas y mástiles rompidos,
    el rumor de las armas estupendo,
    las varias voces, gritos y apellidos,
    todo en revuelta confusión hacía
    espectáculo horrible y armonía.
       No la ciudad de Príamo asolada
    por tantas partes sin cesar ardía
    ni el crudo efeto de la griega espada
    con tal rigor y estrépito se oía,
    como la turca y la cristiana armada
    que, envuelta en humo y fuego, parecía
    no solo arder el mar, hundirse el suelo,
    pero venirse abajo el alto cielo.
       El gallardo don Iuan, reconocida
    la enemiga real que iba en la frente,
    hendiendo recio el agua rebatida
    rompe por medio de la llama ardiente;
    mas la turca, con ímpetu impelida
    le sale a recebir, donde igualmente
    se embisten con furiosos encontrones
    rompiendo los herrados espolones.

    No estaban las reales aferradas
cuando de gran tropel sobrevinieron
siete galeras turcas bien armadas
que en la cristiana súbito embistieron;
pero de no menor furia llevadas,
al socorro sobre ellas acudieron
de la derecha y de la izquierda mano
la general del Papa y veneciano,
    do con segunda autoridad venía
por general del Sumo Quinto Pío
Marco Antonio Colona, a quien seguía
una escuadra de mozos de gran brío;
tras la cual al socorro arremetía
por el camino y paso más vacío
la Patrona de España y Capitana,
rompiendo el golpe y multitud pagana.
    El Príncipe de Parma valeroso,
que iba en la capitana ginovesa
hendiendo el mar revuelto y espumoso,
se arroja en medio de la escuadra apriesa.
La confusión y revolver furioso
y del humo la negra nube espesa
la codiciosa vista me impedía
y así a muchos allí desconocía.
    Mons de Leñí con su galera presto
por su parte embistió y cerró el camino,
donde llegó de los primeros puesto
el valeroso príncipe de Urbino,
que a la bárbara furia contrapuesto,
con ánimo y esfuerzo peregrino,
gallarda y singular prueba hacía
de su valor, virtud y valentía.
    Luego con igual ímpetu y denuedo
llegan unas con otras abordarse,

cerrándose tan juntas que a pie quedo
pueden con las espadas golpearse.
No bastaba la muerte a poner miedo
ni allí se vio peligro rehusarse,
aunque al arremeter viesen derechos
disparar los cañones a los pechos.
　Así la airada gente, deseosa
de ejecutar sus golpes, se juntaban
y cual violenta tempestad furiosa,
los tiros y altos brazos descargaban.
Era de ver la priesa hervorosa
con que las fieras armas meneaban,
la mar de sangre súbito cubierta,
comenzó a recebir la gente muerta.
　Por las proas, por popas y costados
se acometen y ofenden sin sosiego:
unos cayendo mueren ahogados,
otros a puro hierro, otros a fuego,
no faltando en los puestos desdichados
quien a los muertos sucediese luego:
que muerte ni rigor de artillería,
jamás bastó a dejar plaza vacía.
　Quién por saltar en el bajel contrario
era en medio del salto atravesado;
quién por herir sin tiempo al adversario
caía en el mar, de su furor llevado;
quién con bestial designio temerario
en su nadar y fuerzas confiado,
al odioso enemigo se abrazaba
y en las revueltas olas se arrojaba.
　¿Cuál será aquel que no temblase viendo
el fin del mundo y la total ruina,
tantas gentes a un tiempo pereciendo,
tanto cañón, bombarda y culebrina?

El Sol los claros rayos recogiendo,
con faz turbada de color sanguina,
entre las negras nubes se escondía,
por no ver el destrozo de aquel día.
  Acá y allá con pecho y rostro airado
sobre el rodante carro presuroso,
de Tesifón y Aleto acompañado,
discurre el fiero Marte sanguinoso.
Ora sacude el fuerte brazo armado,
ora bate el escudo fulminoso,
infundiendo en la fiera y brava gente
ira, saña, furor y rabia ardiente.
  Quién, faltándole tiros, luego afierra
del pedazo de remo o de la entena;
quién trabuca al forzado y lo deshierra
arrebantando el grillo o la cadena.
No hay cosa de metal, de leño y tierra
que allí para tirar no fuese buena,
rotos bancos, postizas, batayolas,
barriles, escotillas, portañolas.
  Y las lanzas y tiros que arrojaban
(aunque del duro acero resurtiesen)
en las sangrientas olas ya hallaban
enemigos que en sí los recibiesen;
y ardiendo en la agua fría peleaban
sin que al adverso hado se rindiesen,
hasta el forzoso y postrimero punto
que faltaba la fuerza y vida junto.
  Cuáles, su propia sangre resorbiendo,
andan agonizando sobreaguados;
cuáles, tablas y gúmenas asiendo,
quedan, rindiendo el alma, enclavijados;
cuáles hacer más daño no pudiendo,
a los menos heridos abrazados,

se dejan ir al fondo forcejando,
contentos con morir allí matando.
   No es posible contar la gran revuelta
y el confuso tumulto y son horrendo.
Vuela la estopa en vivo fuego envuelta,
alquitrán y resina y pez ardiendo,
la presta llama con la brea revuelta
por la seca madera discurriendo,
con fieros estallidos y centellas
creciendo, amenazaba las estrellas.
   Unos al mar se arrojan por salvarse,
del crudo hierro y llamas perseguidos;
otros, que habían probado el ahogarse,
se abrazan a los leños encendidos;
así que con la gana de escaparse
a cualquiera remedio vano asidos,
dentro del agua mueren abrasados,
y en medio de las llamas ahogados.
   Muchos, ya con la muerte porfiando,
su opinión aun muriendo sostenían,
los tiros y las lanzas apañando
que de las fuertes armas resurtían,
y en las huidoras olas estribando
los ya cansados brazos sacudían,
empleando en aquellos que topaban
la rabia y pocas fuerzas que quedaban.
   Crece el furor y el áspero ruido
del contino batir apresurado;
el mar de todas partes rebatido,
hierve y regüelda cuerpos de apretado.
Y sangriento, alterado y removido,
cual de contrarios vientos arrojado,
todo revuelto en una espuma espesa,
las herradas galeras bate apriesa.

En la alta popa, junto al estandarte,
el ínclito don Iuan resplandecía
más encendido que el airado Marte,
cercado de una ilustre compañía.
De allí provee remedio a toda parte,
acá da priesa, allá socorro envía,
asegurando a todos su persona
soberbio triunfo y la naval corona.
 Don Luys de Requesens de otra banda
provoca, exhorta, anima, mueve, incita,
corre, vuelve, revuelve, torna y anda
donde el peligro más le necesita.
Provee, remedia, acude, ordena, manda,
insta, da priesa, induce y solicita,
a la diestra, siniestra, a popa, a proa,
ganando estimación y eterna loa.
 Pues el Conde de Pliego don Fernando,
diligente, solícito y cuidoso,
acude a todas partes remediando
lo de menos remedio y más dudoso.
Así pues del cristiano y turco bando
cada cual inquiriendo un fin honroso,
procuraban matando, como digo,
morir en el bajel del enemigo.
 Era tanta la furia y tal la priesa,
que el fin y día postrero parecía;
de los tiros la recia lluvia espesa
el aire claro y rojo mar cubría;
crece la rabia, el disparar no cesa
de la presta y continua batería,
atronando el rumor de las espadas
las marítimas costas apartadas.
 El buen marqués de Santa Cruz, que estaba
al socorro común apercebido,

visto el trabado juego cuál andaba
y desigual en partes el partido,
sin aguardar más tiempo se arrojaba
en medio de la priesa y gran ruido,
embistiendo con ímpetu furioso
todo lo más revuelto y peligroso.
 Viendo, pues, de enemigos rodeada
la galera real con gran porfía,
y que de otra refresco bien armada
a embestirla con ímpetu venía,
saltóle de través, boga arrancada,
y al encuentro y defensa se oponía,
atajando con presto movimiento,
el bárbaro furor y fiero intento.
 Después, rabioso, sin parar corriendo
por la áspera batalla discurría:
entra, sale y revuelve socorriendo
y a tres y a cuatro a veces resistía.
¿Quién podrá punto a punto ir refiriendo
las gallardas espadas que este día,
en medio del furor se señalaron
y el mar con turca sangre acrecentaron?
 Don Iuan en esto, airado e impaciente
la espaciosa fortuna apresuraba
poniendo espuelas y ánimo a su gente
que envuelta en sangre ajena y propia andaba.
Alí Bajá, no menos diligente,
con gran hervor los suyos esforzaba,
trayéndoles contino a la memoria
el gran premio y honor de la vitoria.
 Mas la real cristiana, aventajada
por el grande valor de su caudillo,
a puros brazos y a rigor de espada
abre recio en la turca un gran portillo

por do un grueso tropel de gente armada,
sin poder los contrarios resistillo,
entra con un rumor y furia estraña,
gritando: «¡Cierra!, ¡cierra!; ¡España!, ¡España!»
 Los turcos, viendo entrada su galera
del temor y peligro compelidos,
revuelven sobre sí de tal manera
que fueron los cristianos rebatidos;
pero añadiendo furia a la primera
los fuertes españoles ofendidos,
venciendo el nuevo golpe de la gente,
los vuelven a llevar forzosamente
 hasta el árbol mayor, donde afirmando
el rostro y pie con nueva confianza
renuevan la batalla, refrescando
el fiero estrago y bárbara matanza.
Carga socorro de uno y otro bando,
fatígales y aqueja la tardanza
de vencer o morir desesperados,
dando gran priesa a los dudosos hados.
 La grande multitud de los heridos
que a la batida proa recudían
causaban que a las veces detenidos,
los unos a los otros se impedían;
pero, de medicinas proveídos,
luego de nuevo a combatir volvían,
las enemigas fuerzas reprimiendo
que iban, al parecer, convalenciendo.
 En esta gran revuelta y desatino,
que allí cargaba más que en otro lado,
viniendo a socorrer don Bernardino
(más que de vista de ánimo dotado),
fue con súbita furia en el camino
de un fuerte esmerilazo derribado,

cortándole con golpe riguroso
los pasos y designio valeroso.
    Fue el poderoso golpe de tal suerte,
demás de la pesada y gran caída,
que resistir no pudo el peto fuerte
ni la rodela a prueba guarnecida.
Al fin el joven con honrada muerte
del todo aseguró la inquieta vida,
envainando en España mil espadas
en contra y daño suyo declaradas.
    En esto por tres partes fue embestida
la famosa de Malta capitana,
y apretada de todas y batida
con vieja enemistad y furia insana;
mas la fuerza y virtud tan conocida,
de aquella audaz caballería cristiana,
la multitud pagana contrastando,
iba de punto en punto mejorando.
    Pero el virrey de Argel, cosario experto
que a la mira hasta entonces había estado,
hallando al cuerno diestro el paso abierto,
que del todo no estaba bien cerrado,
antes que se pusiesen en concierto,
furioso se lanzó por aquel lado,
echándole de nuevo tres bajeles
con infinito número de infieles.
    Los fuertes caballeros peleando
resisten aquel ímpetu y motivo
pero al cabo, Señor, sobrepujando
a las fuerzas el número excesivo,
los entran con gran furia degollando
sin tomar a rescate un hombre vivo,
vertiendo en el revuelto mar furioso
de baptizada sangre un río espumoso.

Las galeras de Malta, que miraron
con tal rigor su capitana entrada,
los fieros enemigos despreciaron
con quien tenían batalla comenzada
y batiendo los remos se lanzaron
con nueva rabia y priesa acelerada
sobre la multitud de los paganos,
verdugos de los mártires cristianos.
   Tanto fue el sentimiento en los soldados
y la sed de venganza de manera
que embistiendo a los turcos por los lados,
entran haciendo riza carnicera
Así que vitoriosos y vengados
recobraron su honor y la galera,
hallando solos vivos los primeros
al General y cuatro caballeros.
   Marco Antonio Colona, despreciando
el ímpetu enemigo y la braveza,
combate animosísimo, igualando
con la honrosa ambición la fortaleza.
Pues Sebastián Veniero, contrastando
la turca fuerza y bárbara fiereza,
vengaba allí con ira y rabia justa
la injuria recebida en Famagusta.
   La capitana de Sicilia en tanto,
también Portau Bajá la combatía,
la cual ya por el uno y otro canto
cercada de galeras la tenía.
Era el valor de los cristianos tanto
que la ventaja desigual suplía,
no solo sustentado igual la guerra
pero dentro del mar ganando tierra;
   que don Iuan, de la sangre de Cardona,
ejercitando allí su viejo oficio,

ofrece a los peligros la persona
dando de su valor notable indicio;
y la fiera nación de Barcelona
hace en los enemigos sacrificio,
trayendo hasta los puños las espadas
todas en sangre bárbara bañadas.
 No pues con menos animo y pujanza
el sabio Barbarigo combatía,
igualando el valor a la esperanza
que de su claro esfuerzo se tenía:
ora oprime la turca confianza,
ora a la misma muerte rebatía,
haciendo suspender la flecha airada
que ya derecho en él tenía asestada.
 Bien que con muestra y ánimo esforzado
contrastaba la furia sarracina,
no pudo contrastar al duro hado
o, por mejor decir, orden divina,
que ya el último término llegado,
de una furiosa flecha repentina
fue herido en el ojo en descubierto,
donde a poco de rato cayó muerto.
 Aunque fue grande el daño y sentimiento
de ver tal capitán así caído,
no por eso turbó el osado intento
del veneciano pueblo embravecido,
antes con más furor y encendimiento
a la venganza lícita movido,
hiere en los matadores de tal suerte
que fue recompensada bien su muerte.
 En este tiempo andaba la pelea
bien reñida del lado y cuerno diestro,
donde el sagaz y astuto Iuan Andrea
se mostraba muy plático maestro;

también Héctor Espínola pelea
con uno y otro a diestro y a siniestro,
señalándose en medio de la furia
la experta y diestra gente de Liguria.
   Bien dos horas y media y más había
que duraba el combate porfiado,
sin conocer en parte mejoría
ni haberse la vitoria declarado,
cuando el bravo don Iuan, que en saña ardía
casi quejoso del suspenso hado,
comenzó a mejorar sin duda alguna,
declarada del todo su fortuna.
   En esto con gran ímpetu y ruido,
por el valor de la cristiana espada
el furor mahomético oprimido,
que la turca real del todo entrada,
do el estandarte bárbaro abatido,
la Cruz del Redentor fue enarbolada
con un triunfo solenne y grande gloria,
cantando abiertamente la vitoria.
   Súbito un miedo helado discurriendo
por los míseros turcos, ya turbados,
les fue los brazos luego entorpeciendo
dejándolos sin fuerzas desmayados;
y las espadas y ánimos rindiendo,
a su fortuna mísera entregados,
dieron la entrada franca, como cuento,
al ímpetu enemigo y movimiento.
   Ya, pues, del cuerno izquierdo y del derecho
de la vitoria sanguinosa usando,
con furia inexorable todo a hecho
los van por todas partes degollando:
quién al agua se arroja, abierto el pecho;
quién se entrega a las llamas, rehusando

el agudo cuchillo riguroso,
teniendo el fuego allí por más piadoso.
   El astuto Ochalí, viendo su gente
por la cristiana fuerza destruida
y la deshecha armada totalmente
al hierro, fuego y agua ya rendida,
la derrota tomó por el poniente,
siguiéndole con mísera huida
las bárbaras reliquias destrozadas,
del hierro y fuego apenas escapadas.
   Pero el hijo de Carlos, conociendo
del traidor renegado el bajo intento,
con gran furia el movido mar rompiendo
carga, dándole caza, en seguimiento.
Iban tras ellos al través saliendo,
el de Bazán y el de Oria a sotavento
con una escuadra de galeras junta,
procurando ganarles una punta.
   Mas la triste canalla, viendo angosta
la senda y ancho mar según temía,
vuelta la proa a la vecina costa,
en tierra con gran ímpetu embestía
y cual se vee tal vez saltar langosta
en multitud confusa, así a porfía
salta la gente al mar embravecido,
huyendo del peligro más temido.
   Cuál con brazos, con hombros, rostro y pecho
el gran reflujo de las olas hiende;
cuál sin mirar a fondo y largo trecho,
no sabiendo nadar, allí lo aprende.
No hay parentesco, no hay amigo estrecho,
ni el mismo padre el caro hijo atiende,
que el miedo, de respetos enemigo,
jamás en el peligro tuvo amigo.

Así que del temor mismo esforzados
en la arenosa playa pie tomaron,
y por las peñas y árboles cerrados
a más correr huyendo se escaparon.
Deshechos, pues, del todo y destrozados
los miserables bárbaros quedaron,
habiendo fuerza a fuerza y mano a mano,
rendido el nombre de Austria al otomano.
   Estaba yo con gran contento viendo
el próspero suceso prometido,
cuando en el globo el mágico hiriendo
con el potente junco retorcido
se fue el aire ofuscando y revolviendo,
y cesó de repente el gran ruido,
quedando en gran quietud la mar segura,
cubierto de una niebla y sombra escura.
   Luego Fitón con plática sabrosa
me llevó por la sala paseando,
y sin dejar figura, cada cosa
me fue parte por parte declarando.
Mas teniendo temor que os sea enojosa
la relación prolija, iré dejando
todo aquello, aunque digno de memoria,
que no importa ni toca a nuestra historia.
   Solo diré que con muy gran contento
del mago y Guaticolo despedido,
aunque tarde, llegué a mi alojamiento,
donde ya me juzgaban por perdido.
Volviendo, pues, la pluma a nuestro cuento,
que en larga digresión me he divertido,
digo que allí estuvimos dos semanas
con falsas armas y esperanzas vanas.
   Pero en resolución nunca supimos
de nuestros enemigos cautelosos

ni su designio y ánimo entendimos,
que nos tuvo suspensos y dudosos;
lo cual considerado, nos partimos
desmintiendo los pasos peligrosos
en su demanda, entrando por la tierra
con gana y fin de rematar la guerra.
  Una tarde que el Sol ya declinaba
arribamos a un valle muy poblado,
por donde un grande arroyo atravesaba,
de cultivadas lomas rodeado;
y en la más llana que a la entrada estaba,
por ser lugar y sitio acomodado,
la gente se alojó por escuadrones,
las tiendas levantando y pabellones.
  Estaba el campo apenas alojado
cuando de entre unos árboles salía
un bizarro araucano bien armado,
buscando el pabellón de don García;
y a su presencia el bárbaro llegado,
sin muestra ni señal de cortesía
le comenzó a decir... Pero entre tanto
será bien rematar mi largo canto.

Canto XXV

Asientan los españoles su campo en Millarapué; llega a desafiarlos un indio de parte de Caupolicán; vienen a la batalla muy reñida y sangrienta; señálanse Tucapel y Rengo; cuéntase también el valor que los españoles mostraron aquel día

Cosa es digna de ser considerada
y no pasar por ella fácilmente
que gente tan ignota y desviada
de la frecuencia y trato de otra gente,
de inavegables golfos rodeada,
alcance lo que así difícilmente
alcanzaron por curso de la guerra
los más famosos hombres de la tierra.
   Dejen de encarecer los escritores
a los que el arte militar hallaron,
ni más celebren ya a los inventores
que el duro acero y el metal forjaron,
pues los últimos indios moradores
de araucano Estado así alcanzaron
el orden de la guerra y diciplina,
que podemos tomar dellos dotrina.
   ¿Quién les mostró a formar los escuadrones,
representar en orden la batalla,
levantar caballeros y bastiones,
hacer defensas, fosos y muralla,
trincheas, nuevos reparos, invenciones
y cuanto en uso militar se halla,
que todo es un bastante y claro indicio
del valor desta gente y ejercicio?
   Y sobre todo debe ser loado
el silencio en la guerra y obediencia,
que nunca fue secreto revelado
por dádiva, amenaza ni violencia,

como ya en lo que dellos he contado
　　vemos abiertamente la esperiencia,
　　pues por maña jamás ni por espías
　　dellos tuvimos nueva en tantos días,
　　　aunque en los pueblos comarcanos fueron
　　presas de sobresalto muchas gentes
　　que al rigor del tormento resistieron,
　　con gran constancia y firmes continentes.
　　Tanto que muchas veces nos hicieron
　　andar en los discursos diferentes
　　que pudiera causar notable daño,
　　creciendo su cautela y nuestro engaño.
　　　Pero, como ya dije arriba, estando
　　apenas nuestro ejército alojado,
　　vino un gallardo mozo preguntando
　　dó estaba el capitán aposentado;
　　y a su presencia el bárbaro llegando,
　　con tono sin respeto levantado,
　　habiéndose juntado mucha gente,
　　soltó la voz, diciendo libremente:
　　　«¡Oh capitán cristiano!, si ambicioso
　　eres de honor con título adquirido,
　　al oportuno tiempo venturoso,
　　tu próspera fortuna te ha traído:
　　que el gran Caupolicano, deseoso
　　de probar tu valor encarecido,
　　si tal virtud y esfuerzo en ti se halla,
　　pide de solo a solo la batalla;
　　　»que siendo de personas informado
　　que eres mancebo noble, floreciente,
　　en la arte militar ejercitado,
　　capitán y cabeza desta gente,
　　dándote por ventaja de su grado
　　la eleción de las armas, francamente,

sin excepción de condición alguna,
quiere probar tu fuerza y su fortuna.
   Y así por entender que muestras gana
de encontrar el ejército araucano,
te avisa que al romper de la mañana
se vendrá a presentar en este llano,
do con firmeza de ambas partes llana,
en medio de los campos, mano a mano
si quieres combatir sobre este hecho,
remitirá a las armas el derecho,
   »con pacto y condición que si vencieres,
someterá la tierra a tu obediencia
y dél podrás hacer lo que quisieres
sin usar de respeto ni clemencia;
y cuando tú por él vencido fueres,
libre te dejará en tu preeminencia,
que no quiere otro premio ni otra gloria
sino solo el honor de la vitoria.
   Mira que solo que esta voz se estienda
consigues nombre y fama de valiente,
y en cuanto el claro Sol sus rayos tienda
durará tu memoria entre la gente;
pues al fin se dirá que por contienda
entraste valerosa y dignamente
en campo con el gran Caupolicano,
persona por persona y mano a mano.
   Esto es a lo que vengo, y así pido
te resuelvas en breve a tu albedrío,
si quieres por el término ofrecido
rehusar o acetar el desafío;
que aunque el peligro es grande y conocido,
de tu altiveza y ánimo confío
que al fin satisfarás con osadía
a tu estimado honor y al que me envía».

Don García le responde: «Soy contento
de acetar el combate, y le aseguro
que el plazo puesto y señalado asiento
podrá a su voluntad venir seguro».
El indio, que escuchando estaba atento,
muy alegre le dijo: «Yo te juro
que esta osada respuesta eternamente
te dejará famoso entre la gente».
   Con esto, sin pasar más adelante,
las espaldas volvió y tomó la vía,
mostrando por su término arrogante
en la poca opinión que nos tenía.
Algunos hubo allí que en el semblante
juzgaron ser mañosa y doble espía,
que iba a reconocer con este tiento
la gente, y pertrechado alojamiento.
   Venida, pues, la noche, los soldados
en orden de batalla nos pusimos,
y a las derechas picas arrimados
contando las estrellas estuvimos,
del sueño y graves armas fatigados,
aunque crédito entero nunca dimos
al indio, por pensar que solo vino
a tomar lengua y descubrir camino.
   Ya la espaciosa noche declinando
trastornaba al ocaso sus estrellas,
y la aurora al oriente despuntando
deslustraba la luz de todas ellas,
las flores con su fresco humor rociando,
restituyendo en su color aquellas
que la tiniebla lóbrega importuna
las había reducido a sola una,
     cuando con alto y súbito alarido
apareció por uno y otro lado,

en tres distantes partes dividido,
el ejército bárbaro ordenado.
Cada escuadrón de gente muy fornido,
que con gran muestra y paso apresurado
iba en igual orden, como cuento,
cercando nuestro estrecho alojamiento.
   La gente de caballo, aparejada
sobre las riendas la enemiga espera;
mas antes que llegase, anticipada,
se arroja por una áspera ladera,
y al escuadrón siniestro encaminada
le acomete furiosa, de manera
que un terrapleno y muro poderoso
no resistiera el ímpetu furioso.
   Pero Caupolicán, que gobernando
iba aquel escuadrón algo delante,
el paso hasta su gente retirando,
hizo calar las picas a un instante,
donde los pies y brazos afirmando
en las agudas puntas de diamante,
reciben el furor y encuentro estraño
haciendo en los primeros mucho daño.
   Unos, sin alas, con ligero vuelo
desocupan atónitos las sillas;
otros, vueltas las plantas hacia el cielo,
imprimen en la tierra las costillas;
y los que no probaron allí el suelo
por apretar más recio las rodillas,
aunque más se mostraron esforzados,
quedaron del encuentro maltratados.
   De sus golpes los nuestros no faltaron,
que todos sin errar fueron derechos:
cuáles de banda a banda atravesaron;
cuáles atropellaron con los pechos.

Todos en un instante se mezclaron,
viniendo a las espadas más estrechos
con tal priesa y rumor, que parecía,
la espantosa vulcánea herrería.
   El bravo general Caupolicano,
rota la pica, de la maza afierra,
y a la derecha y a la izquierda mano
hiere, destroza, mata y echa a tierra.
Hallándose muy junto a Berzocano,
los dientes y furioso puño cierra
descargándole encima tal puñada,
que le abolló en los cascos la celada.
   Tras éste otro derriba y otro mata,
que fue por su desdicha el más vecino,
abre, destroza, rompe y desbarata,
haciendo llano el áspero camino,
y al yanacona Tambo así arrebata
que como halcón al pollo o palomino,
sin poderle valer los más cercanos,
le ahoga y despedaza entre las manos.
   Bernal y Leucotón, que deseando
andaba de encontrarse en esta danza,
se acometen furiosos, descargando
los brazos con igual ira y pujanza,
y las altas cabezas inclinando
a su pesar usaron de crianza
hincando a un tiempo entrambos las rodillas
con un batir de dientes y ternillas.
   Mas cada cual de presto se endereza,
comenzando un combate fiero y crudo:
ya tiran a los pies, ya a la cabeza;
ya abollan la celada, ya el escudo.
Así, pues, anduvieron una pieza
mas pasar adelante esto no pudo,

que un gran tropel de gentes que embistieron
por fuerza a su pesar los despartieron.
　Don Miguel y don Pedro de Avendaño,
Rodrigo de Quiroga, Aguirre, Aranda,
Cortés y Iuan Iufré con riesgo estraño
sustentan todo el peso de su banda;
también hacen efeto y mucho daño
Reynoso, Peña, Córdova, Miranda,
Monguía, Lasarte, Castañeda, Ulloa,
Martín Ruyz y Iuan López de Gamboa.
　Pues don Luys de Toledo peleando,
Carranza, Aguayo, Zúñiga y Castillo
resisten el furor del indio bando
con Diego Cano, Pérez y Ronquillo;
los primos Alvarados Iuan y Hernando,
Pedro de Olmos, Paredes y Carrillo
derriban a sus pies gallardamente,
aunque a costa de sangre, mucha gente.
　El escuadrón de en medio, viendo asida
por el cuerno derecho la contienda,
acelerando el tiempo y la corrida,
acude a socorrer con furia horrenda;
mas nuestra gente en tercios repartida
la sale a recibir a toda rienda,
y del terrible estruendo y fiero encuentro
la tierra se apretó contra su centro.
　Hubo muchas caídas señaladas,
grandes golpes de mazas y picazos;
lanzas, gorguces y armas enastadas
volaron hasta el cielo en mil pedazos;
vienen en un momento a las espadas
y aun otros más coléricos a brazos,
dándose con las dagas y puñales
heridas penetrables y mortales.

El fiero Tucapel, habiendo hecho
su encuentro en lleno y muerto un buen soldado,
poco del diestro golpe satisfecho
le arrebató un estoque acicalado
con el cual barrenó a Guillermo el pecho,
y de un revés y tajo arrebatado
arrojó dos cabezas con celadas
muy lejos de sus troncos apartadas.
   Mata de un golpe a Torbo fácilmente
y dio a Iuan Ynarauna tal herida
que la armada cabeza por la frente
cayó sobre los hombros dividida.
Tira una punta, y a Picol valiente
le echó fuera las tripas y la vida,
pero en esta sazón inadvertido
de más de diez espadas fue herido.
   Carga sobre él la gente forastera
al rumor del estrago que sonaba,
y cercándole en torno como fiera
en confuso montón le fatigaba,
mas él con gran desprecio de manera
el esforzado brazo rodeaba,
que a muchos con castigo y escarmiento
les reprimió el furor y atrevimiento.
   Tanto en más ira y más furor se enciende
cuanto el trabajo y el peligro crece,
que allí la gloria y el honor pretende
donde mayor dificultad se ofrece;
lo más dudoso y de más riesgo emprende
y poco lo posible le parece,
que el pecho grande y ánimo invencible
le allana y facilita lo imposible.
   El último escuadrón y más copioso
su derrota y disignio prosiguiendo,

con paso aunque ordenado presuroso,
por la tendida loma iba subiendo;
y en el dispuesto llano y espacioso
nuestro escuadrón del todo descubriendo,
se detuvo algún tanto astutamente
reconociendo el sitio y nuestra gente.

   Delante desta escuadra, pues, venía
el mozo Galbarín sargenteando,
que sus troncados brazos descubría,
las llagas aún sangrientas amostrando.
De un canto al otro apriesa discurría
el daño general representando,
encendiendo en furor los corazones
con muestras eficaces y razones,

   diciendo: «¡Oh valentísimos soldados,
tan dignos deste nombre, en cuya mano
hoy la fortuna y favorables hados
han puesto el ser y crédito araucano!
Estad de la victoria confiados,
que este tumulto y aparato vano
es todo el remanente, y son las heces
de los que habéis vencido tantas veces.

   Y esta postrer batalla fenecida
de vosotros así tan deseada,
no queda cosa ya que nos impida,
ni lanza enhiesta, ni contraria espada.
Mirad la muerte infame o triste vida
que está para el vencido aparejada,
los ásperos tormentos excesivos
que el vencedor promete hoy a los vivos.

   Que si en esta batalla sois vencidos
la ley perece y libertad se atierra,
quedando al duro yugo sometidos,
inhábiles del uso de la guerra;

pues con las brutas bestias siempre uñidos,
habéis de arar y cultivar la tierra,
haciendo los oficios más serviles
y bajos ejercicios mujeriles.
   »Tened, varones, siempre en la memoria
que la deshonra eternamente dura
y que perpetuamente esta vitoria
todas vuestras hazañas asegura.
Considerad, soldados, pues, la gloria
que os tiene aparejada la ventura,
y el gran premio y honor que, como digo,
un tan breve trabajo trae consigo.
   Que aquel que se mostrare buen soldado
tendrá en su mano ser lo que quisiere,
que todo lo que habemos deseado,
la fortuna con ella hoy nos requiere;
también piense que queda condenado
por rebelde y traidor quien no venciere,
que no hay vencido justo y sin castigo
quedando por juez el enemigo».
   De tal manera el bárbaro valiente
despertaba la ira y la esperanza
que el escuadrón apenas obediente
podía sufrir el orden y tardanza;
mas ya que la señal última siente,
con gran resolución y confianza
derribando las picas, bien cerrado,
ir se dejó de su furor llevado.
   En el esento y pedregoso llano,
que más de un tiro de arco se estendía,
nuestro escuadrón a un tiempo mano a mano
asimismo al encuentro le salía,
donde con muestra y término inhumano
y el gran furor que cada cual traía

se embisten los airados escuadrones
cayendo cuerpos muertos a montones.
   No duraron las picas mucho enteras,
que en rajas por los aires discurrieron;
las estendidas mangas y hileras
de golpe unas con otras se rompieron.
Hubo muertes allí de mil maneras,
que muchos sin heridas perecieron
del polvo y de las armas ahogados,
otros de encuentros fuertes estrellados.
   Trábase entre ellos un combate horrendo
con hervorosa priesa y rabia estraña,
todos en un tesón igual poniendo
la estrema industria, la pujanza y maña.
Sube a los cielos el furioso estruendo,
retumba en torno toda la campaña,
cubriendo los lugares descubiertos
la espesa lluvia de los cuerpos muertos.
   Hierve el coraje, crece la contienda
y el batir sin cesar siempre más fuerte;
no hay malla y pasta fina que defienda
la entrada y paso a la furiosa muerte,
que con irreparable furia horrenda
todo ya en su figura lo convierte,
naciendo del mortal y fiero estrago,
de espesa y negra sangre un ancho lago.
   Rengo orgulloso, que al siniestro lado
iba siempre avivando la pelea,
de la roedora afrenta estimulado
que en Mataquito recibió de Andrea,
el ronco tono y brazo levantado
discurre todo el campo y lo rodea
acá y allá por una y otra mano,
llamando el enemigo nombre en vano.

Andrea, pues, asimesmo procurando
fenecer la quistión, le deseaba;
mas lo que el uno y otro iba buscando,
la dicha de los dos lo desviaba,
que el italiano mozo, peleando
en el otro escuadrón, distante andaba,
haciendo por su estraña fuerza cosas
que, aunque lícitas, eran lastimosas.
　　Mata de un golpe a Trulo y endereza
la dura punta y a Pinol barrena,
y sin brazo a Teguán una gran pieza
le arroja dando vueltas por la arena;
lleva de un golpe a Changle la cabeza
y por medio del cuerpo a Pon cercena;
hiende a Norpo hasta el pecho, y a Brancolo
como grulla le deja en un pie solo.
　　Veis, pues, aquí a Orompello, el cual haciendo
venía por esta parte mortal guerra,
que al gran tumulto y voces acudiendo,
vio cubierta de muertos la ancha tierra;
y al ginovés gallardo conociendo,
como cebado tigre con él cierra,
alta la maza y encendido el gesto,
sobre las puntas de los pies enhiesto.
　　Fue de la maza el ginovés cogido
en el alto crestón de la celada,
que todo lo abolló y quedó sumido
sobre la estofa de algodón colchada.
Estuvo el italiano adormecido,
gomita sangre, la color mudada,
y vio, dando de manos por el suelo,
vislumbres y relámpagos del cielo.
　　Redobla otro gallardo mozo luego
con más furor y menos bien guiado,

que a no ser a soslayo, el fiero juego
del todo entre los dos fuera acabado.
El ginovés, desatinado y ciego,
fue un poco de través, mas recobrado,
se puso en pie con priesa no pensada,
levantando a dos manos la ancha espada.
  Y con la estrema rabia y fuerza rara
sobre el joven la cala de manera
que si el ferrado leño no cruzara,
de arriba a bajo en dos le dividiera:
tajó el tronco cual junco o tierna vara,
y si la espada el filo no torciera,
penetrara tan honda la herida
que privara al mancebo de la vida.
  Viéndose el araucano, pues, sin maza,
no por eso amainó al furor la vela,
antes con gran presteza de la plaza
arrebata un pedazo de rodela,
y al punto sin perder tiempo lo embraza
y, como aquel que daño no recela,
con solo el trozo de bastón cortado
aguija al enemigo confiado.
  Hirióle en la cabeza, y a una mano
saltó con ligereza y diestro brío
hurtando el cuerpo, así que el italiano
con la espada azotó el aire vacío.
Quiso hacello otra vez, mas salió en vano,
que entrando recio al tiempo del desvío,
fue el ginovés tan presto que no pudo
sino cubrirse con el roto escudo.
  Echó por tierra la furiosa espada
del defensivo escudo una gran pieza,
bajando con rigor a la celada,
que defender no pudo la cabeza.

Hasta el casco caló la cuchillada,
quedando el mozo atónito una pieza,
pero en sí vuelto, viéndole tan junto,
le echó los fuertes brazos en un punto.
   El bravo ginovés, que al fiero Marte
pensara desmembrar, recio le asía
pero salió engañado, que en este arte
ninguno al diestro joven le excedía.
Revuélvense por una y otra parte,
el uno el pie del otro rebatía,
intricando las piernas y rodillas
con diestras y engañosas zancadillas.
   Don García de Mendoza no paraba,
antes como animoso y diligente
unas veces airado peleaba,
otras iba esforzando allí la gente.
Tampoco Juan Remón ocioso estaba,
que de soldado y capitán prudente
con igual diciplina y ejercicio
usaba en sus lugares el oficio.
   Santillán y don Pedro de Navarra,
Ávalos, Viezma, Cáceres, Bastida,
Galdámez, don Francisco Ponce, Ybarra,
dando muerte, defienden bien su vida;
el fator Vega y contador Segarra
habían echado aparte una partida,
siguiéndolos Velázquez y Cabrera,
Verdugo, Ruyz, Riberos y Ribera.
   Pasáronlo, pues, mal al otro lado
según la mucha gente que acudía,
si don Felipe, don Simón, y Prado,
don Francisco Arias, Pardo y Alegría,
Barrios, Diego de Lira, Coronado
y don Iuan de Pineda en compañía,

con valeroso esfuerzo combatiendo,
no fueran los contrarios reprimiendo.
　　También acrecentaban el estrago,
Florencio de Esquivel y Altamirano,
Villarroel, Dorán, Vergara, Lago,
Godoy, Gonzalo Hernández, y Andicano.
Si de todos aquí mención no hago,
no culpen la intención sino la mano,
que no puede escrebir lo que hacían
tantas como allí a un tiempo combatían.
　　Sonaba a la sazón un gran ruido
en el otro escuadrón de mediodía
y era que el fiero Rengo embravecido,
llevado de su esfuerzo y valentía
se había por la batalla así metido
que volver a los suyos no podía,
y de menuda gente rodeado
andaba muy herido y acosado:
　　aunque se envuelve entre ellos de manera
al un lado y al otro golpeando
que en rueda los hacía tener afuera,
muchos en daño ajeno escarmentando,
pero la turba acá y allá ligera
le va por todas partes aquejando
con tiros, palos y armas enastadas
como a fiera, de lejos arrojadas.
　　Uno deja tullido y otro muerto,
sin valerles defensa ni armadura;
a quien acierta el golpe en descubierto
del todo le deshace y desfigura;
y el de menos efeto y más incierto
quebranta brazo, pierna o coyuntura;
vieran arneses rotos y celadas
junto con las cabezas machucadas.

Mas aunque, como digo, combatiendo
mostraba esfuerzo y ánimo invencible,
le van a tanto estrecho reduciendo
que poder escapar era imposible;
y por más que se esfuerza resistiendo,
al fin era de carne, era sensible,
y el furioso y continuo movimiento
la fuerza le ahogaba y el aliento.
   Estaba ya en el suelo una rodilla
que aun apenas así se sustentaba,
y la gente solícita, en cuadrilla
sin dejarle alentar le fatigaba,
cuando de la otra parte por la orilla
de la alta loma Tucapel llegaba,
haciendo con la usada y fuerte maza,
por dondequiera que iba larga plaza.
   Como el toro feroz desjarretado
cuando brama, la lengua ya sacada,
que de la turbamulta rodeado
procura cada cual probar su espada,
y en esto de repente al otro lado
la cerviz yerta y frente levantada,
asoma otro famoso de Jarama,
que deshace la junta y la derrama,
   así el famoso Rengo ya en el suelo
hincada una rodilla combatía
en medio del montón que sin recelo
poco a poco cerrándole venía,
cuando el sangriento y bravo Tucapelo
que por allí la grita le traía,
viéndole así tratar, sin poner duda,
rompe por el tropel a darle ayuda.
   Dejó por tierra cuatro o seis tendidos,
que estrecha plaza y paso le dejaron,

y los otros en círculo esparcidos
del fatigado Rengo se arredraron,
y contra Tucapel embravecidos,
las armas y la grita enderezaron;
mas él daba de sí tan buen descargo,
que los hacía tener bien a lo largo.
   Llegóse a Rengo y dijo: «Aunque enemigo,
esfuerza, esfuerza Rengo, y ten hoy fuerte,
que el impar Tucapel está contigo
y no puedes tener siniestra suerte;
que el favorable cielo y hado amigo
te tiene aparejada mejor muerte,
pues está cometida al brazo mío,
si cumples a su tiempo el desafío».
   Rengo le respondió: «Si ya no fuera
por ingrato en tal tiempo reputado,
contigo y con mi débito cumpliera,
que no estoy, como piensas, tan cansado».
En esto más ligero que si hubiera
diez horas en el lecho reposado,
se puso en pie y a nuestra gente asalta,
firme el membrudo cuerpo y la maza alta.
   Tucapel replicó: «Sería bajeza
y cosa entre varones condenada
acometerte, vista tu flaqueza,
con fuerza y en sazón aventajada.
Cobra, cobra tu fuerza y entereza,
que el tiempo llegará que esta ferrada
te dé la pena y muerte merecida,
como hoy te ha dado claro aquí la vida».
   No se dijeron más y por la vía
los dos competidores araucanos,
haciéndose amistad y compañía,
iban como si fueran dos hermanos.

Guardaba el uno al otro y defendía,
y así con diligencia y prestas manos,
abriendo el escuadrón gallardamente,
llegaron a juntarse con su gente.
   En esto a todas partes la batalla
andaba muy reñida y sanguinosa,
con tal furia y rigor, que no se halla
persona sin herida, ni arma ociosa;
cubre la tierra la menuda malla,
y en la remota Turcia cavernosa
por fuerza arrebatados de los vientos,
hieren los duros y ásperos acentos.
   Era el rumor del uno y otro bando
y de golpes la furia apresurada,
como ventosa y negra nube, cuando
de vulturno o del céfiro arrojada
lanza una piedra súbita, dejando
la rama de sus hojas despojada,
y los muros, los techos y tejados
son con priesa terrible golpeados.
   Pues de aquella manera y más furiosas
las homicidas armas descargaban,
y con hondas heridas rigurosas
los sanguinosos cuerpos desangraban.
El gran rumor y voces espantosas
en los vecinos montes resonaban;
el mar confuso al fiero són retrujo
de sus hinchadas olas el reflujo.
   Pero la parte que a la izquierda mano
la batalla primera había trabado,
donde por su valor Caupolicano
contrastaba al furor del duro hado,
a pura fuerza el escuadrón cristiano
del contrario tesón sobrepujado,

comenzó poco a poco a perder tierra
hacia la espesa falda de la sierra.
   Fue tan grande la priesa desta hora,
y el ímpetu del bárbaro violento,
que por el araucano en voz sonora
se cantó la vitoria y vencimiento.
Mas la misma Fortuna burladora
dio la vuelta a la rueda en un momento,
en contra de la parte mejorada,
barajando la suerte declarada.
   Que el último escuadrón, donde estribaba
nuestro postrer remedio y esperanza
metido en el contrario peleaba
haciendo fiero estrago y gran matanza,
que ni el valor de Ongolmo allí bastaba,
ni del fuerte Lincoya la pujanza,
ni yo basto a contar de una vez tanto,
que es fuerza diferirlo al otro canto.

Canto XXVI

En este canto se trata el fin de la batalla y retirada de los araucanos; la obstinación y pertinacia de Galbarino y su muerte. Asimismo se pinta el jardín y estancia del mago Fitón

    Nadie puede llamarse venturoso
hasta ver de la vida el fin incierto,
ni está libre del mar tempestuoso
quien surto no se ve dentro del puerto.
Venir un bien tras otro es muy dudoso,
y un mal tras otro mal es siempre cierto;
jamás próspero tiempo fue durable
ni dejó de durar el miserable.
    El ejemplo tenemos en las manos,
y nos muestra bien claro aquí la historia
cuán poco les duró a los araucanos
el nuevo gozo y engañosa gloria,
pues llevando de rota a los cristianos
y habiendo ya cantado la vitoria,
de los contrarios hados rebatidos,
quedaron vencedores los vencidos
    que, como os dije, el escuadrón postrero
adonde por testigo yo venía,
ganando tierra siempre más entero
al bárbaro enemigo retraía;
que aunque el fuerte Lincoya el delantero
a la adversa fortuna resistía,
no pudo resistir últimamente,
el ímpetu y la furia de la gente.
    Por una espesa y áspera quebrada
que en medio de dos lomas se hacía,
la bárbara canalla, quebrantada
la dañosa soberbia y osadía,
ya del torpe temor señoreada,

esforzadas espaldas revolvía,
huyendo de la muerte el rostro airado,
que clara a todos ya se había mostrado.
　Siguen los nuestros la vitoria apriesa
que aun no quieren venir en el partido,
y de la inculta breña y selva espesa
inquieren lo secreto y escondido;
el gran estrago y mortandad no cesa,
suena el destrozo y áspero ruido,
tirando a tiento golpes y estocadas
por la espesura y matas intricadas.
　Jamás de los monteros en ojeo
fue caza tan buscada y perseguida,
cuando con ancho círculo y rodeo
es a término estrecho reducida,
que con impacientísimo deseo
atajados los pasos y huida,
arrojan en las fieras montesinas
lanzas, dardos, venablos, jabalinas,
　como los nuestros hasta allí cristianos,
que los términos lícitos pasando,
con crueles armas y actos inhumanos,
iban la gran vitoria deslustrando,
que ni el rendirse, puestas ya las manos,
la obediencia y servicio protestando,
bastaba aquella gente desalmada
a reprimir la furia de la espada.
　Así el entendimiento y pluma mía,
aunque usada al destrozo de la guerra,
huye del gran estrago que este día
hubo en los defensores de su tierra;
la sangre, que en arroyos ya corría
por las abiertas grietas de la sierra,
las lástimas, las voces y gemidos

de los míseros bárbaros rendidos.
   Los de la izquierda mano, que miraron
su mayor escuadrón desbaratado,
perdiendo todo el ánimo dejaron
la tierra y el honor que habían ganado;
así, la trompa a retirar tocaron
y con paso, aunque largo, concertado,
altas y campeando las banderas,
se dejaron calar por las laderas.
   No será bien pasar calladamente
la braveza de Rengo sin medida,
pues que, desbaratada ya su gente
y puesta en rota y mísera huida,
fiero, arrogante, indómito, impaciente,
sin mirar al peligro de la vida
dando más furia a la ferrada maza,
solo sustenta la ganada plaza.
   Y allí como invencible y valeroso
solo estuvo gran rato peleando
pero viendo el trabajo infrutuoso
y gente ya ninguna de su bando,
con paso tardo, grave y espacioso,
volviendo el rostro atrás de cuando en cuando
tomó a la mano diestra una vereda,
hasta entrar en un bosque y arboleda
   donde ya de la gente destrozada
había el temor algunos escondido,
pero viendo de Rengo la llegada
cobrando luego el ánimo perdido,
con nuevo esfuerzo y muestra confiada,
en escuadrón formado y recogido,
vuelven el rostro y pechos esforzados
a la corriente de los duros hados.
   Yo, que de aquella parte discurriendo

a vueltas del rumor también andaba,
la grita y nuevo estrépitu sintiendo
que en el vecino bosque resonaba,
apresuré los pasos, acudiendo
hacia donde el rumor me encaminaba,
viendo al entrar del bosque detenidos
algunos españoles conocidos.
 Estaba a un lado Iuan Remón gritando:
«Caballeros, entrad, que todo es nada»,
mas ellos, el peligro ponderando,
dificultaban la dudosa entrada.
Yo, pues, a la sazón a pie arribando
donde estaba la gente recatada,
Iuan Remón, que me vio luego de frente,
quiso obligarme allí públicamente,
 diciendo: «¡Oh don Alonso! quien procura
ganar estimación y aventajarse,
éste es el tiempo y ésta es coyuntura
en que puede con honra señalarse.
No impida vuestra suerte esta espesura
donde quieren los indios entregarse,
que el que abriere la entrada defendida,
le será la vitoria atribuida».
 Oyendo, pues, mi nombre conocido
y que todos volvieron a mirarme,
del honor y vergüenza compelido,
no pudiendo del trance ya escusarme,
por lo espeso del bosque y más temido
comencé de romper y aventurarme,
siguiéndome Arias Pardo, Maldonado,
Manrique, don Simón y Coronado.
 Los cuales, de vivir desesperados,
los obstinados indios embistieron,
que en una espesa muela bien cerrados

las españolas armas atendieron.
En esto ya al rumor por todos lados
de nuestra gente muchos acudieron,
comenzando con furia presurosa
una guerra sangrienta y peligrosa.
   Renuévase el destrozo, reduciendo
a término dudoso el vencimiento,
el menos animoso acometiendo
el más dificultoso impedimento.
¿Cuál será aquel que pueda ir escribiendo
de los brazos la furia y movimiento
y déste y de aquel otro la herida,
y quién a cuál allí quitó la vida?
   Unos hienden por medio, otros barrenan
de parte a parte los airados pechos;
por los muslos y cuerpo otros cercenan,
otros miembro por miembro caen deshechos.
Los duros golpes todo el bosque atruenan,
andando de ambas partes tan estrechos
que vinieron algunos de impacientes
a los brazos, a puños y a los dientes.
   Pero la muerte allí difinidora
de la cruda batalla porfiada,
ayudando a la parte vencedora
remató la contienda y gran jornada;
que la gente araucana en poca de hora
en aquel sitio estrecho destrozada,
quiso rendir al hierro antes la vida,
que al odioso español quedar rendida.
   Tendidos por el campo amontonados
los indómitos bárbaros quedaron,
y los demás con pasos ordenados,
como ya dije atrás, se retiraron;
de manera que ya nuestros soldados,

recogiendo el despojo que hallaron
y un número copioso de prisiones
volvieron a su asiento y pabellones.
 Fueron entre estos presos escogidos
doce, los más dispuestos y valientes,
que en las nobles insignias y vestidos
mostraban ser personas preeminentes;
éstos fueron allí constituidos
para amenaza y miedo de las gentes,
quedando por ejemplo y escarmiento
colgados de los árboles al viento.
 Yo a la sazón al señalar llegando,
de la cruda sentencia condolido,
salvar quise uno dellos, alegando
haberse a nuestro ejército venido;
mas él luego los brazos levantando
que debajo del peto había escondido,
mostró en alto la falta de las manos
por los cortados troncos aún no sanos.
 Era, pues, Galbarino este que cuento,
de quien el canto atrás os dio noticia,
que porque fuese ejemplo y escarmiento
le cortaron las manos por justicia,
el cual con el usado atrevimiento,
mostrando la encubierta inimicicia,
sin respeto ni miedo de la muerte habló,
mirando a todos, desta suerte:
 «¡Oh gentes fementidas, detestables,
indignas de la gloria deste día!
Hartad vuestras gargantas insaciables
en esta aborrecida sangre mía.
Que aunque los fieros hados variables,
trastornen la araucana monarquía,
muertos podremos ser, mas no vencidos,

ni los ánimos libres oprimidos.
   No penséis que la muerte rehusamos,
que en ella estriba ya nuestra esperanza;
que si la odiosa vida dilatamos
es por hacer mayor nuestra venganza.
Que cuando el justo fin no consigamos
tenemos en la espada confianza
que os quitará, en nosotros convertida,
la gloria de poder darnos la vida.
   Sús, pues, ya ¿qué esperáis o qué os detiene
de no me dar mi premio y justo pago?
La muerte y no la vida me conviene,
pues con ella a mi deuda satisfago;
pero si algún disgusto y pena tiene
este importante y deseado trago,
es no veros primero hechos pedazos
con estos dientes y troncados brazos».
   De tal manera el bárbaro esforzado,
la muerte en alta voz solicitaba
de la infelice vida ya cansado,
que largo espacio a su pesar duraba;
y en el gentil propósito obstinado
diciéndonos injurias, procuraba
un fin honroso de una honrosa espada
y rematar la mísera jornada.
   Yo, que estaba a par dél, considerando
el propósito firme y osadía,
me opuse contra algunos, procurando
dar la vida a quien ya la aborrecía;
pero al fin los ministros, porfiando
que a la salud de todos convenía,
forzado me aparté y él fue llevado
a ser con los caciques justiciado.
   A la entrada de un monte, que vecino

está de aquel asiento, en un repecho
por el cual atraviesa un gran camino
que al valle de Lincoya va derecho,
con gran solennidad y desatino
fue el insulto y castigo injusto hecho,
pagando allí la deuda con la vida,
en muchas opiniones no debida.
  Por falta de verdugo, que no había,
quien el oficio hubiese acostumbrado,
quedó casi por uso de aquel día
un modo de matar jamás usado.
Que a cada indio de aquella compañía
un bastante cordel le fue entregado
diciéndole que el árbol eligiese
donde a su voluntad se suspendiese.
  No tan presto los pláticos guerreros
del cierto asalto la señal tocando,
por escalas, por picas y maderos
suben a la muralla gateando
cuanto aquellos caciques, que ligeros
por los más grandes árboles trepando,
en un punto a las cimas arribaron
y de las altas ramas se colgaron.
  Mas uno dellos, algo arrepentido
de su ligera priesa y diligencia,
a nuestra devoción ya reducido,
vuelto pidió, para hablar, licencia;
y habiéndosela todos concedido,
con voz algo turbada y apariencia,
los ánimos cristianos comoviendo,
habló contritamente así diciendo:
  «Valerosa nación, invicta gente,
donde el estremo de virtud se encierra,
sabed que soy cacique y decendiente

del tronco más antiguo desta tierra:
no tengo padre, hermano, ni pariente,
que todos son ya muertos en la guerra
y pues se acaba en mí la decendencia,
os ruego uséis conmigo de clemencia».
　Quisiera proseguir, si Galbarino,
que le miraba con airada cara,
de súbito saliéndole al camino,
la doméstica voz no le atajara
diciendo: «Pusilánime, mezquino,
deslustrador de la progenie clara,
¿por qué a tan gran bajeza así te mueve,
el miedo torpe de una muerte breve?
　Dime, infame traidor, de fe mudable,
¿tienes por más partido y mejor suerte
el vivir en estado miserable
que el morir como debe un varón fuerte?
Sigue el hado, aunque adverso, tolerable,
que el fin de los trabajos es la muerte,
y es poquedad que un afrentoso medio
te saque de la mano este remedio».
　Apenas la razón había acabado,
cuando el noble cacique arrepentido
al cuello el corredizo lazo echado,
quedó de una alta rama suspendido;
tras él fue el audaz bárbaro obstinado,
aun a la misma muerte no rendido
y los robustos robles desta prueba
llevaron aquel año fruta nueva.
　Habida la vitoria, como cuento,
y el enemigo roto retirado,
dejando el infelice alojamiento
todo de cuerpos bárbaros sembrado,
llegamos sin desmán ni impedimento

a la bajada y sitio desdichado
do Valdivia fundó la casa fuerte
y le dieron después infame muerte.
 Levantamos un muro brevemente
que el sitio de la casa circundaba,
donde el bagaje, chusma y remanente
con menos daño y más seguro estaba.
De allí el contorno y tierra inobediente,
sin poderlo estorbar se salteaba,
haciendo siempre instancia y diligencia
de traerla sin sangre a la obediencia.
 Una mañana al comenzar del día
saliendo yo a correr aquella tierra,
donde por cierto aviso se tenía
que andaba gente bárbara de guerra,
dejando un trecho atrás la compañía,
cerca de un bosque espeso y alta sierra
sentí cerca una voz envejecida,
diciendo: «¿Dónde vais?, que no hay salida».
 Volví el rostro y las riendas hacia el lado
donde la estraña voz había salido,
y vi a Fitón el mágico arrimado
al tronco de un gran roble carcomido
sobre el herrado junco recostado,
que como fue de mí reconocido,
del caballo salté ligeramente,
saludándole alegre y cortésmente.
 Él me dijo: «Por cierto, bien pudiera
tomar de vos legítima venganza
y en esa vuestra gente que anda fuera,
que habéis hecho en los nuestros tal matanza;
pero aunque más razón y causa hubiera,
haciendo vos de mí tal confianza,
no quiero ni será justo dañaros,

antes en lo que es lícito ayudaros.
   Que es orden de los cielos que padezca
esta indómita gente su castigo
y antes que contra Dios se ensoberbezca
le abaje la soberbia el enemigo
y aunque vuestra ventura agora crezca,
no durará gran tiempo porque os digo
que, como a los demás, el duro hado
os tiene su descuento aparejado.
   Si la fortuna así a pedir de boca
os abre el paso próspero a la entrada,
grandes trabajos y ganancia poca
al cabo sacaréis desta jornada;
y porque a mí decir más no me toca,
me quiero retirar a mi morada,
que también desta banda tiene puerta
pero a todos oculta y encubierta».
   Yo de le ver así, maravillado,
y más de la siniestra profecía,
mi caballo en un líbano arrendado,
le quise hacer un rato compañía:
y al fin de muchos ruegos acetado,
siendo el viejo decrépito la guía,
hendimos la espesura y breña estraña
hasta llegar al pie de la montaña.
   En un lado secreto y escondido,
donde no había resquicio ni abertura,
con el potente báculo torcido
blandamente tocó en la peña dura;
y luego con horrísono ruido,
se abrió una estrecha puerta y boca escura
por do tras él entré, erizado el pelo,
pisando a tiento el peñascoso suelo.
   Salimos a un hermoso verde prado,

que recreaba el ánimo y la vista,
do estaba en ancho cuadro fabricado
un muro de belleza nunca vista,
de vario jaspe y pórfido escacado
y al fin de cada escaque una amatista;
en las puertas de cedro barreadas
mil sabrosas historias entalladas.
   Abriéronse en llegando el mago a punto
y en un jardín entramos espacioso,
do se puede decir que estaba junto
todo lo natural y artificioso.
Hoja no discrepaba de otra un punto,
haciendo cuadro o círculo hermoso,
en medio un claro estanque, do las fuentes
murmurando enviaban sus corrientes.
   No produce natura tantas flores
cuando más rica primavera envía
ni tantas variedades de colores
como en aquel jardín vicioso había;
los frescos y suavísimos olores,
las aves y su acorde melodía
dejaban las potencias y sentidos
de un ajeno descuido poseídos.
   De mi fin y camino me olvidara,
según suspenso estuve una gran pieza,
si el anciano Fitón no me llamara
haciéndome señal con la cabeza.
Metióme por la mano en una clara
bóveda de alabastro, que a la pieza
del milagroso globo respondía,
adonde ya otra vez estado había.
   Quisiera ver la bola, mas no osaba
sin licencia del mago avecinarme,
mas él, que mis deseos penetraba,

teniendo voluntad de contentarme,
asido por la mano me acercaba,
y comenzando él mesmo a señalarme,
el mundo me mostró, como si fuera
en su forma real y verdadera.
  Pero para decir por orden cuanto
vi dentro de la gran poma lucida,
es, cierto, menester un nuevo canto
y tener la memoria recogida.
Así, Señor, os ruego que entretanto
que refuerzo la voz enflaquecida,
perdonéis si lo dejo en este punto,
que no puedo deciros tanto junto.

Canto XXVII
En este canto se pone la descripción de muchas provincias, montes, ciudades famosas por natura y por guerras. Cuéntase también como los españoles levantaron un fuerte en el valle de Tucapel; y como don Alonso de Ercilla halló a la hermosa Glaura

Siempre la brevedad es una cosa
con gran razón de todos alabada
y vemos que una plática es gustosa
cuanto más breve y menos afectada;
y aunque sea la prolija provechosa,
nos importuna, cansa y nos enfada,
que el manjar más sabroso y sazonado
os deja, cuando es mucho, empalagado.
   Pues yo que en un peligro tal me veo,
de la larga carrera arrepentido,
¿cómo podré llevar tan gran rodeo,
y ser sabroso al gusto y al oído?
Pero aunque de agradar es mi deseo,
estoy ya dentro en la ocasión metido;
que no se puede andar mucho en un paso
ni encerrar gran materia en chico vaso.
   Cuando a alguno, Señor, le pareciere
que me voy en el curso deteniendo,
el estraño camino considere
y que más que una posta voy corriendo.
En todo abreviaré lo que pudiere
y así a nuestro propósito volviendo,
os dije como el indio mago anciano
señalaba la poma con la mano.
   Era en grandeza tal que no podrían
veinte abrazar el círculo luciente,
donde todas las cosas parecían
en su forma distinta y claramente:

las campos y ciudades se veían,
el tráfago y bullicio de la gente,
las aves, animales, lagartijas,
hasta las más menudas sabandijas.
　El mágico me dijo: «Pues en este
lugar nadie nos turba ni embaraza,
sin que un mínimo punto oculto reste
verás del universo la gran traza:
lo que hay del norte al sur, del leste al oeste,
y cuanto ciñe el mar y el aire abraza,
ríos, montes, lagunas, mares, tierras
famosas por natura y por las guerras.
　Mira al principio de Asia a Calcedonia
junto al Bósforo enfrente de la Tracia;
a Lidia, Caria, Licia y Licaonia,
a Panfilia, Bitinia y a Galacia;
y junto al Ponto Euxino a Paflagonia;
la llana Capadocia y la Farnacia
y la corriente de Éufrates famoso,
que entra en el mar de Persia caudaloso.
　Mira la Syria, vees allá la indina
tierra de promisión de Dios privada,
y a Nazarén dichosa en Palestina,
do a María Gabriel dio la embajada.
Vees las sacras reliquias y ruina
de la ciudad por Tito desolada,
do el Autor de la vida escarnecido
a vergonzosa muerte fue traído.
　Mira el tendido mar Mediterrano
que la Europa del África separa,
y el mar Bermejo en punta a la otra mano,
que abrió Moisén sus aguas con la vara;
mira el golfo de Ormuz y mar Persiano,
y aunque a partes la tierra no está clara,

verás hacia la banda descubierta,
las dos Arabias, Félix y Desierta.
  Mira a Persia y Carmania, que confina
con Susiana al lado del poniente,
donde el forjado acero se fulmina
de pasta y temple fino y excelente,
Drangiana y Gedrosía, que camina
hasta el mar de India y ferias del Oriente
y adelante siguiendo aquella vía
verás la calurosa Aracosía.
  Dentro y fuera del Gange mira tanta
tierra de India, al Levante prolongada;
vees el Catay y su ciudad de Canta
que sobre el Indo mar está fundada;
la China y el Maluco y toda cuanta
mar se estiende del leste y la apartada
Trapobana famosa, antiguamente
término y fin postrero del Oriente.
  Vees la Hircania, Tartaria y los albanos,
hacia la Trapisonda dilatados,
y otros reinos pequeños comarcanos
tributarios de Persia y aliados:
los yberos que llaman gorgianos,
y los pobres circasos derramados,
que su lunada tierra en parte angosta
toma del mar Mayor toda la costa.
  Vees el revuelto Cirro caudaloso,
que la Iberia y Albania así rodea,
y el alto monte Cáucaso fragoso,
que su cumbre gran tierra señorea:
mira el reino de Colcos, tan famoso
por la isla nombrada de Medea,
adonde el trabajado Jasón vino
en busca del dorado vellocino.

Mira la grande Armenia memorable
por su ciudad de Tauris señalada;
y al sur la religiosa y venerable
Soltania, sin respeto arruinada
por la tártara furia irreparable
de grande Taborlán, que de pasada
cuanto encontró lo puso por el suelo,
cual ira o rayo súbito del cielo.
　　Mira a Tigris y Éufrates, que poniendo
punto a Mesopotamia, en compañía
hasta el golfo de Persia van corriendo
dejando a un lado a Egipto y a Suría;
vees la Patria y la Media, que torciendo
su corva costa, abraza al mediodía
el Caspio mar, por otro nombre Hircano,
que en forma oval se estiende al subsolano.
　　Mira la Asiria y su ciudad famosa,
donde la confusión de lenguas vino,
que sus muros, labor maravillosa,
hizo Semiramís, madre de Nino:
donde la acelerada y presurosa
muerte a Alexandre le salió al camino,
cortándole en su próspera corrida
el hilo de los hados y la vida.
　　Mira en África, el sur, los estendidos
reinos del Preste Juan, donde parece
que entre los más insignes y escogidos
Sceva en sus edificios resplandece.
Tres frutos da en el año repartidos,
y tres veces se agosta y reverdece;
tiene en veinte y dos grados su postura
al antártico polo por la altura.
　　Vees a Gogia y sus montes levantados,
que a todos sobrepujan en grandeza,

canos siempre de nieve los collados
y abajo peñascales y aspereza,
que forman un gran muelle, rodeados
de breñales espesos y maleza,
morada de osos, puercos y leones,
tigres, panteras, grifos y dragones.
   Destos peñascos ásperos pendientes,
llamados hoy el monte de la Luna,
nacen del Nilo las famosas fuentes,
y dellos ríos sin nombre y fama alguna,
que aunque tuercen y apartan sus corrientes
se vienen a juntar a una laguna
tan grande, que sus senos y laderas
baten de tres provincias las riberas:
   a Gogia y Beguemedros al oriente,
y a Dambaya al poniente; del cual lado
hay islas donde habita varia gente
y todo el ancho círculo es poblado.
De aquí el famoso Nilo mansamente
nace, y después más grande y reforzado
parte a Gogia de Amara y va tendido
sin ser de las riberas restringido
   hasta un angosto paso peñascoso
que le va los costados estrechando,
de donde con estrépito furioso
se va en las cataratas embocando;
después más ancho, grave y espacioso
llega a Méroe, gran isla, costeando,
que contiene tres reinos eminentes
en leyes y costumbres diferentes.
   Mira al Cairo, que incluye tres ciudades
y el palacio real de Dultibea,
las torres, los jardines y heredades,
que su espacioso círculo rodea;

las pirámides mira y vanidades
de los ciegos antiguos, que aunque sea
señal de sus riquezas la hechura,
fue más que el edificio la locura.
   Mira los despoblados arenosos
de la desierta y seca Libia ardiente;
Garamanta y los pueblos calurosos,
donde habita la bruta y negra gente;
mira los trogloditas belicosos,
y los que baña Gambra en su corriente:
mandingos, monicongos, y los feos
zapes, biafras, gelofos y guineos.
   Vees de la costa de África el gran trecho,
los puertos señalados y lugares
de las bocas del Nilo hasta el estrecho
por do se comunican los dos mares.
Apolonia, las Sirtes y derecho
Trípol, Túnez y junto si mirares,
verás aun las reliquias y el estrago
de la ciudad famosa de Cartago.
   Mira a Sicilia fértil y abundosa,
a Cerdeña y a Córcega de frente,
y en la costa de Italia la viciosa
tierra que va corriendo hacia el poniente;
mira la ilustre Nápoles famosa
y a Roma, que gran tiempo altivamente
se vio del universo apoderada
y de cada nación después hollada.
   Mira en Toscana a Sena y a Florencia
y dejando la costa al mediodía,
a Bolonia, Ferrara y la eminencia
de la isleña ciudad y señoría;
Padua, Mantua, Carmona y a Placencia,
Milán, la tierra y parque de Pavía,

adonde en una rota de importancia
Carlos prendió a Francisco, rey de Francia.
　Mira a Alejandría, y por Liguria entrando
a la soberbia Génova y Saona;
y el Piamonte y Saboya atravesando,
a León, a Tolosa y a Bayona;
y sobre el viento coro volteando,
Burdeos, Putiers, Orliens, París, Perona,
Flandes, Brabante, Güeldres, Frisia, Olanda,
Inglaterra, Escocia, Ibernia, Irlanda;
　a Dinamarca, Dacia y a Noruega
hacia el mar de Dantisco y costa helada,
y a Suecia, que al confín de Gocia llega
que está en torno del mar fortificada,
de donde a la Xelandia se navega;
y mira allá a Grolandia desviada
del solar curso y la zodiaca vía,
do hay seis meses de noche y seis de día.
　Mira al norte a Moscovia, que es tenida
por última región de lo poblado,
que rematan su término y medida
las rifeas montañas por un lado,
y de las fuentes del Tanays tendida
llega al monte Hyperbóreo y mar helado,
confina con Sarmacia y Tartaría
y corre por el Austro hasta Rusía.
　Mira a Livonia, Prusia, Lituania,
Samogocia, Podolia y a Rusía,
a Polonia, Silesia y a Germania,
a Moravia, Bohemia, Austria y Hungría,
a Corvacia, Moldavia, Trasilvania,
Valaquia, Bulgaría, Esclavonía,
a Macedonia, Grecia, la Morea,
a Candia, Chipre, Rodas y Iudea.

Mira al poniente a España y la aspereza
de la antigua Vizcaya, de do es cierto
que procede y estiende la nobleza,
por todo lo que vemos descubierto;
mira a Bermeo cercado de maleza,
cabeza de Vizcaya, y sobre el puerto
los anchos muros del solar de Ercilla,
solar antes fundado que la villa.
   Vees a Burgos, Logroño y a Pamplona;
y bajando al poniente, a la siniestra,
Zaragoza, Valencia, Barcelona;
a León y a Galicia de la diestra.
Vees la ciudad famosa de Lisbona,
Coimbra y Salamanca, que se muestra
felice en todas ciencias, do solía
enseñarse también nigromancía.
   Mira a Valladolid, que en llama ardiente
se irá como la fénix renovando,
y a Medina del Campo casi enfrente,
que las ferias la van más ilustrando;
mira a Segovia y su famosa puente,
y el bosque y la Fonfrida atravesando
al Pardo y Aranjuez, donde natura
vertió todas sus flores y verdura.
   Mira aquel sitio inculto montuoso
al pie del alto puerto algo apartado,
que aunque le vees desierto y pedregoso
ha de venir en breve a ser poblado:
allí el Rey don Felipe vitorioso,
habiendo al franco en San Quintín domado,
en testimonio de su buen deseo,
levantará un católico trofeo.
   Será un famoso templo incomparable
de sumptuosa fábrica y grandeza,

la máquina del cual hará notable,
su religioso celo y gran riqueza.
Será edificio eterno y memorable,
de inmensa majestad y gran belleza,
obra, al fin, de un tal rey, tan gran cristiano,
y de tan larga y poderosa mano.
   Mira luego a Madrid, que buena suerte
le tiene el alto cielo aparejada;
y a Toledo, fundada en sitio fuerte,
sobre el dorado Tajo levantada;
mira adelante a Córdoba, y la muerte
que airada amenazando está a Granada,
esgrimiendo el cuchillo sobre tantas
principales cabezas y gargantas.
   Mira a Sevilla, vees la realeza
de templos, edificios y moradas,
el concurso de gente y la grandeza
del trato de las Indias apartadas,
que de oro, plata, perlas y riqueza
dos flotas en un año entran cargadas
y salen otras dos de mercancía
con gente, munición y artillería.
   Mira a Cádiz donde Hércules famoso
sobre sus hados prósperos corriendo,
fijó las dos colunas vitorioso,
Nihil ultra en el mármol escribiendo;
mas Fernando católico glorioso,
los mojonados términos rompiendo,
del ancho y Nuevo Mundo abrió la vía,
porque en un mundo solo no cabía.
   Mira por el Océano bajando
entre el húmido Noto y el Poniente
las islas de Canaria, reparando
en aquella del Hierro especialmente,

que falta de agua, la natura obrando,
las aves, animales y la gente
beben la que de un árbol se distila
en una bien labrada y ancha pila.
  Mira a la banda diestra las Terceras
que están de portugueses ocupadas,
y corriendo al sudueste, las primeras
islas que descubrió Colón, pobladas
de gentes nunca vistas estranjeras,
entre las cuales son más señaladas,
los Lucayos, San Iuan, la Dominica,
Santo Domingo, Cuba y Iamaíca.
  Vees de Bahama la canal angosta,
y siguiendo al poniente la Florida,
la tierra inútil y lucida costa
hasta la Nueva España proseguida
donde Cortés, con no pequeña costa
y gran trabajo y riesgo de la vida,
sin término ensanchó por su persona
los límites de España y la corona.
  Mira a Ialisco y Mechoacán, famosa
por la raíz medicinal que tiene;
y a México abundante y populosa,
que el indio nombre antiguo aun hoy retiene;
vees al sur la poblada y montuosa
tierra, que en punta prolongarse viene,
que los dos anchos mares por los lados
la van adelgazando los costados.
  «A Panamá y al Nombre de Dios mira,
que sus estrechos términos defienden
a dos contrario mares, que con ira
romper la tierra y anegar pretenden.
Vees la fragosa sierra de Capira,
Cartagena y las tierras que se estienden

de Santa Marta y cabo de la Vela
hasta el lago y ciudad de Venezuela;
   a Bogotá y Cartama, que confina
con Arma y Cali, tierra prolongada,
Popayán, Pasto y Quito, que vecina
está a la equiniocial línea templada.
Mira allá a Puerto Viejo, do la mina
de ricas esmeraldas fue hallada,
y las tierras que corren por la vía
del Euro, del Volturno y Mediodía.
   Vees Guayaquil, que abunda de madera
por sus espesos montes y sombríos;
Túmbez, Payta y su puerto, que es primera
escala donde surgen los navíos.
Piura, Loxa, la Zarza y Cordillera,
de do nacen y bajan tantos ríos
que riegan bien dos mil millas de suelo,
donde jamás cayó lluvia del cielo.
   Mira los grandes montes y altas sierras
bajo la zona tórrida nevadas,
los Mojos, Bracamoros y las tierras
de incultos chachapoyas habitadas.
Caxamarca y Truxillo, que en las guerras
fueron famosas siempre y señaladas,
y la ciudad insigne de los Reyes,
silla de las Audiencias y virreyes.
   Y a Guánuco, Guamanga y el templado
terreno de Arequipa, y los mojones
del Cuzco, antiguo pueblo y señalado
asiento de los Ingas y orejones.
Mira el solsticio y trópico pasado,
del austral Capricornio las regiones,
de varias gentes bárbaras estrañas
los ríos, lagunas, valles y montañas.

    Mira allá a Chuquiabo, que metido
está a un lado la tierra al sur marcada,
y adelante el riquísimo y crecido
cerro de Potosí, que de cendrada
plata de ley y de valor subido
tiene la tierra envuelta y amasada,
pues de un quintal de tierra de la mina
las dos arrobas son de plata fina.
    Vees la villa de Plata, la postrera
por el levante a la siniestra mano,
y atravesando la alta cordillera,
Calchaquí, Pilcomayo y Tucomano,
los iuries, los diaguitas y ribera
de los comechingones y el gran llano
y frutífero término remoto,
hasta la fortaleza de Gaboto.
    Vees, volviendo a la costa, los collados
que corren por la banda de Atacama,
y a la diestra la costa y despoblados
do no hay ave, animal, yerba ni rama.
Ves los copayapós, indios granados,
que de grandes flecheros tienen fama,
Coquimbo, Mapachó, Cauquén y el río
de Maule y el de Ytata y Biobío.
    Vees la ciudad de Penco y el pujante
Arauco, estado libre y poderoso;
Cañete, la Imperial, y hacia el levante
la Villa Rica y el volcán fogoso;
Valdivia, Osorno, el lago y adelante
las islas y archipiélago famoso
y siguiendo la costa al sur derecho
Chiloé, Coronados y el estrecho
    por donde Magallanes con su gente
al Mar del Sur salió desembocando,

y tomando la vuelta del poniente
al Maluco guió noruesteando.
Vees las islas de Acaca y Zabú enfrente,
y a Matán, do murió al fin peleando;
Bruney, Bohol, Gilolo, Terrenate,
Machián, Mutir, Badán, Tidore y Mate.
   Vees las manchas de tierras, tan cubiertas
que pueden ser apenas divisadas:
son las que nunca han sido descubiertas
ni de estranjeros pies jamás pisadas,
las cuales estarán siempre encubiertas
y de aquellos celajes ocupadas
hasta que Dios permita que parezcan
porque más sus secretos se engrandezcan.
   Y como vees en forma verdadera
de la tierra la gran circunferencia,
pudieras entender, si tiempo hubiera,
de los celestes cuerpos la excelencia,
la máquina y concierto de la esfera,
la virtud de los astros y influencia,
varias revoluciones, movimientos
los cursos naturales y violentos.
   Mas aunque quiera yo de parte mía
dejarte más contento y satisfecho,
ha mucho rato que declina el día
y tienes hasta el sitio largo trecho».
Así, haciéndome el mago compañía
me trujo hasta ponerme en el derecho
camino, do encontré luego mi gente,
que me andaba a buscar confusamente.
   Llegamos al asiento en punto cuando
entraban a la guardia los amigos,
donde gastamos tiempo, procurando
reducir a la paz los enemigos

unas veces por bien, acariciando;
otras por amenazas y castigos,
haciendo sin parar corredurías,
por los vecinos pueblos y alquerías.
 Mas no bastando diligencia en esto
ni las promesas, medios y partidos,
que en su protervo intento y presupuesto
estaban siempre más endurecidos.
Vista, pues, la importancia de aquel puesto
por estar en la tierra más metidos,
con maduro consejo fue acordado
sustentar el lugar fortificado.
 Y proveyendo al esperado daño
de algunos bastimentos que faltaban,
que aunque era fértil y abundante el año,
los campos en cogollo y berza estaban,
don Miguel de Velasco y Avendaño
con los que más a punto se hallaban,
haciéndoles yo escolta y compañía,
tomamos de Cautén la recta vía.
 Aunque con riesgo, sin contraste alguno
los peligrosos términos pasamos
y en tiempo aparejado y oportuno
a la Imperial ciudad salvos llegamos,
donde a los moradores de uno en uno
con palabras de amor los obligamos
no solo a dar graciosa la comida
pero a ofrecer también hacienda y vida.
 Así que alegres, sin rumor de guerra,
con pan, frutas, semillas y ganados,
dimos presto la vuelta por la tierra
de pacíficos indios y alterados;
y al descubrir de la purena sierra
hallamos una escolta de soldados,

digo de nuestra gente, que venía
a asegurar la peligrosa vía.
  El Sol ya derribado al ocidente
había en el mar los rayos zabullido
dando la noche alivio a nuestra gente
del cansancio y trabajo padecido,
pero al romper del alba, alertamente
se comenzó a marchar con gran ruido,
el cargado bagaje y el ganado
de todas las escuadras rodeado.
  Iba yo en la avanguardia descubriendo
por medio de una espesa y gran quebrada,
cuando vi de través salir corriendo
una mujer, al parecer turbada;
yo tras ella los prestos pies batiendo,
luego de mi caballo fue alcanzada;
el que saber el fin desto desea,
atentamente el otro canto lea.

Canto XXVIII

Cuenta Glaura sus desdichas y la causa de su venida. Asaltan los araucanos a los españoles en la quebrada de Purén; pasa entre ellos una recia batalla; saquean los enemigos el bagaje; retíranse alegres, aunque desbaratados

Quien tiene libre y sosegada vida
le conviene vivir más recatado,
que siempre es peligrosa la caída
del que está del peligro descuidado;
y vemos muchas veces convertida
la alegre suerte en miserable estado,
en dura sujeción las libertades
y tras prosperidad adversidades.
　Es Fortuna tan varia, es tan incierta,
ya que se muestre alguna vez amiga,
que no ha llamado el bien a nuestra puerta
cuando el mal dentro en casa nos fatiga;
y pues sabemos ya por cosa cierta,
que nunca hay bien a quien un mal no siga,
roguemos que no venga y si viniere,
que sea pequeño el mal que le siguiere.
　Que yo, de acuchillado en esto, siento
que es de temer en parte la ventura;
el tiempo alegre pasa en un momento
y el triste hasta la muerte siempre dura;
y porque viene bien a nuestro cuento,
a la bárbara oíd, que en la espesura
alcancé, como os dije, que en su traje
mostraba ser persona de linaje.
　Era mochacha grande, bien formada,
de frente alegre y ojos estremados,
nariz perfeta, boca colorada,
los dientes en coral fino engastados;
espaciosa de pecho y relevada,

hermosas manos, brazos bien sacados,
acrecentando más su hermosura
un natural donaire y apostura.
   Yo, queriendo saber a qué venía
sola por aquel bosque y aspereza,
con más seguridad que prometía
su bello rostro y rara gentileza,
la aseguré del miedo que traía;
la cual, dando un sospiro que a terneza
al más rebelde corazón moviera,
comenzó su razón en tal manera:
   «No sé si ya me queje desdichada
o agradezca a los hados y a mi suerte,
que me abren puerta y que me dan entrada
para que pueda recebir la muerte;
pero si ya la historia desastrada,
quieres saber y mi dolor, tan fuerte
que aun le agravia mi poco sentimiento,
te ruego que al proceso estés atento.
   Mi nombre es Glaura, en fuerte hora nacida,
hija del buen cacique Quilacura,
de la sangre de Friso esclarecida,
rica de hacienda, pobre de ventura;
respetada de muchos y servida
por mi linaje y vana hermosura
mas, ¡ay de mí!, ¡cuánto mejor me fuera
ser una simple y pobre ganadera!
   En casa de mi padre a mi contento,
como única heredera yo vivía,
que su felicidad y pensamiento,
en solo darme gusto lo ponía.
Mi voluntad en todo y mandamiento
como inviolable ley se obedecía,
no habiendo de contento y gusto cosa

que fuese para mí dificultosa.
   Mas presto el invidioso amor tirano,
turbador del sosiego, adredemente
trujo a mi tierra y casa a Fresolano,
mozo de fuerzas y ánimo valiente,
de mi infelice padre primo hermano
y mucho más amigo que pariente,
a quien la voluntad tenía rendida,
no habiendo entre los dos cosa partida.
   Mi padre, como amigo aficionado,
que yo le regalase me mandaba
y así yo con llaneza y gran cuidado,
por hacerle placer, lo procuraba;
mas él, luego, el propósito estragado,
cuya fidelidad ya vacilaba,
corrompió la amistad, salió de tino,
echando por ilícito camino.
   O fue el trato que tuvo allí conmigo
o por mejor decir, mi desventura,
que ésta sería más cierto, como digo,
que no la mal juzgada hermosura:
que ingrato al hospedaje del amigo,
del deudo y deuda haciendo poca cura,
me comenzó de amar y buscar medio
de dar a su cuidado algún remedio.
   «Visto yo que por muestras y rodeo
muchas veces su pena descubría,
conocí que su intento y mal deseo
de los honestos límites salía
mas, ¡ay!, que en el que yo padezco, veo
lo que el mísero entonces padecía,
que a término he llegado al pie del palo
que aun no puedo decir mal de lo malo.
   Hallábale mil veces sospirando

en mí los engañados ojos puestos;
otras andaba tímido tentando
entrada a sus osados presupuestos;
yo la ocasión dañosa desviando,
con gravedad y términos honestos
(que es lo que más refrena la osadía)
sus erradas quimeras deshacía.
   Estando sola en mi aposento un día,
temerosa de algún atrevimiento,
ante mí de rodillas se ponía
con grande turbación y desatiento,
diciéndome temblando: -¡Oh Glaura mía!,
ya no basta razón ni sufrimiento,
ni de fuerza una mínima me queda
que a la del fuerte amor resistir pueda.
   Tú, señora, sabrás que el día primero
de mi felice y próspera venida,
me trujo amor al término postrero
desta penosa y desdichada vida;
mas ya que por tu amor y causa muero
quiero saber si dello eres servida,
porque siéndolo tú, no sé yo cosa
que pueda para mí ser tan dichosa.
   Viéndole al parecer determinado
a cualquiera violencia y desacato,
disimuladamente por un lado
salí dél, sin mostrar algún recato,
diciéndole de lejos: -¡Oh malvado,
incestuoso, desleal, ingrato,
corrompedor de la amistad jurada,
y ley de parentesco conservada!...
   Iba estas y otras cosas yo diciendo
que el repentino enojo me mostraba,
cuando con priesa súbita y estruendo

un cristiano escuadrón nos salteaba,
que en cerrado tropel arremetiendo,
nuestra alta casa en torno rodeaba,
saltando Fresolano en mi presencia,
a la debida y justa resistencia
   diciendo: -¡Oh fiera tigre endurecida,
inhumana y cruel con los humanos!
Vuelve, acaba de ser tú la homicida,
no dejes que hacer a los cristianos,
vuelve, verás que acabo aquí la vida
pues no puedo a las tuyas, a sus manos;
que aunque no sea la muerte tan honrosa,
a lo menos será más piadosa.
   Así furioso, sin mirar en nada
se arroja en medio de la armada gente,
donde luego una bala arrebatada
le atravesó el desnudo pecho ardiente;
cayó, ya la color y voz turbada,
diciendo: -¡Glaura, Glaura!, últimamente
recibe allá mi espíritu, cansado
de dar vida a este cuerpo desdichado.
   Llegó mi padre en esto al gran ruido,
solo armado de esfuerzo y confianza
mas luego en el costado fue herido
de una furiosa y atrevida lanza;
cayó el cuerpo mortal descolorido
y vista mi fortuna y malandanza,
por el postigo de una falsa puerta
salí a mi parecer, más que ellos muerta.
   Acá y allá turbada al fin por una
montaña comencé luego a emboscarme,
dejándome llevar de mi fortuna
que siempre me ha guiado a despeñarme;
así que, ya sin tino y senda alguna

procuraba, ¡cuitada!, de alejarme,
que con el gran temor me parecía
que yendo a más correr, no me movía.
 Mas como suele acontecer contino,
que huyendo el peligro y mal presente
se suele ir a parar en un camino
que nos coge y anega la creciente,
así a mí, desdichada, pues, me avino
que por salvar la vida impertinente,
de un mal en otro mal, de lance en lance
vine a mayor peligro y mayor trance.
 Iba, pues, siempre mísera corriendo
por espinas, por zarzas, por abrojos,
aquí y allí y acá y allá volviendo
a cada paso los atentos ojos,
cuando por unos árboles saliendo
vi dos negros cargados de despojos,
que luego en el instante que me vieron
a la mísera presa arremetieron.
 Fui dellos prestamente despojada
de todo cuanto allí venía vestida,
aunque yo triste no estimaba en nada
el perder los vestidos y la vida;
pero el honor y castidad preciada
estuvo a punto ya de ser perdida,
mas mis voces y quejas fueron tantas
que a lástima y piedad movía las plantas.
 Usó el cielo conmigo de clemencia
guiando a Cariolán a mis clamores,
que visto el acto inorme y la insolencia
de aquellos enemigos violadores,
corrió con provechosa diligencia,
diciendo: ¡Perros, bárbaros, traidores!
Dejad, dejad al punto la doncella

si no la vida dejaréis con ella.
   Fueron sobre él los dos en continente
mas él, flechando el arco que traía,
al más adelantado y diligente
la flecha hasta las plumas le escondía.
Hízose atrás dos pasos diestramente
y al otro la segunda flecha envía
con brújula tan cierta y diestro tino,
que al bruto corazón halló el camino.
   Cayó muerto, y el otro mal herido
cerró con él furioso y emperrado,
mas Cariolán, valiente y prevenido,
en el arte de la lucha ejercitado,
aunque el negro era grande y muy fornido,
de su destreza y fuerzas ayudado,
alzándole en los brazos hacia el cielo
le trabucó de espaldas en el suelo
   y sacando una daga acicalada,
queriendo a hierro rematar la cuenta,
por el desnudo vientre y por la ijada,
tres veces la metió y sacó sangrienta.
Huyó por allí la alma acelerada
y libre Cariolán de aquella afrenta,
se vino para mí con gran crianza,
pidiéndome perdón de la tardanza.
   Supo decir allí tantas razones
(haciendo amor conmigo así el oficio)
que medrosa de andar en opiniones,
que es ya dolencia de honra y ruin indicio,
por evitar al fin murmuraciones
y no mostrarme ingrata al beneficio
en tal sazón y tiempo recebido,
le tomé por mi guarda y mi marido.
   Y temiendo que gente acudiría,

por el espeso monte nos metimos,
donde sin rastro ni señal de vía,
un gran rato perdidos anduvimos;
pero, señor, al declinar del día
a la ribera de Lauquén salimos
por do venía una escuadra de cristianos
con diez indios atrás presas las manos.
   Descubriéronnos súbito en saliendo,
que en todo al fin nos perseguía la suerte,
sobre nosotros de tropel corriendo,
–¡Aguarda, aguarda!, ¡ten!, gritando fuerte.
Pero mi nuevo esposo allí temiendo
mucho más mi deshonra que su muerte,
me rogó que en el bosque me escondiese
mientras que él con morir los detuviese.
   Luego el temor, a trastornar bastante
una flaca mujer inadvertida,
me persuadió poniéndome delante
la horrenda muerte y la estimada vida.
Así cobarde, tímida, inconstante,
a los primeros ímpetus rendida,
me entré, viéndolos cerca, a toda priesa,
por lo más agrio de la senda espesa.
   Y en lo hueco de un tronco, que tejido
de zarzas y maleza en torno estaba,
me escondí sin aliento ni sentido,
que aun apenas de miedo resollaba;
de donde escuché luego un gran ruido
que el bosque cerca y lejos atronaba
de espadas, lanzas y tropel de gente
como que combatiesen fuertemente.
   Fue poco a poco, al parecer, cesando
aquel rumor y grita que se oía,
cuando la obligación ya calentando

la sangre que el temor helado había,
revolví sobre mí, considerando
la maldad y tradición que cometía
en no correr con mi marido a una
un peligro, una muerte, una fortuna.
   Salí de aquel lugar, que a Dios pluguiera
que en él quedara viva sepultada,
corriendo con presteza a la ribera
adonde le dejé desatinada;
mas cuando no vi rastro ni manera
de le poder hallar, sola y cuitada,
podrás ver qué sentí, pues era cierto
que no pudo escapar de preso o muerto.
   Solté ya sin temor la voz en vano,
llamando al sordo cielo, injusto y crudo;
preguntaba: –¿Dó está mi Cariolano?
Y todo al responder lo hallaba mudo.
Ya entraba en la espesura, ya en lo llano
salía corriendo, que el dolor agudo,
en mis entrañas siempre más furioso,
no me daba momento de reposo.
   No te quiero cansar ni lastimarme
en decirte las bascas que sentía;
no sabiendo qué hacer ni aconsejarme
frenética y furiosa discurría.
Muchas veces propuse de matarme
mas por torpeza y gran maldad tenía
que aquel dolor en mí tan poco obrase
que a quitarme la vida no bastase.
   En tanta pena y confusión envuelta,
de contrarios y dudas combatida,
al cabo ya de le buscar resuelta
pues no daba el dolor fin a mi vida,
hacia el campo español he dado vuelta

de noche, y desde lejos escondida,
por el honor, que mal me le asegura
mi poca edad y mucha desventura.
　Y teniendo noticia que esta gente
era la vuelta de Cautén pasada,
también que había de ser forzosamente
por este paso estrecho la tornada,
quise venir en traje diferente,
pensando que entre tantos, disfrazada,
alguna nueva o rastro hallaría
deste que la fortuna me desvía.
　¿Qué remedio me queda ya captiva,
sujeta al mando y voluntad ajena,
que para que mayor pena reciba,
aun la muerte no viene, porque es buena?
Pero aunque el cielo cruel quiera que viva
al fin me ha de acabar ya tanta pena,
bien que el estado en que me toma es fuerte
mas nadie escoge el tiempo de su muerte».
　Así la bella joven lastimada
iba sus desventuras recontando,
cuando una gruesa bárbara emboscada
que estaba a los dos lados aguardando,
alzó al cielo una súbita algarada
las salidas y pasos ocupando,
creciendo indios así, que parecían
que de las yerbas bárbaros nacían.
　Llegó al instante un yanacona mío,
ganado no había un mes, en buena guerra,
diciéndome: «Señor, échate al río,
que yo te salvaré, que sé la tierra;
que pensar resistir es desvarío
a la gente que cala de la sierra.
Bien puedes, ¡oh señor!, de mí fiarte,

que me verás morir por escaparte».
  Yo, que al mancebo el rostro revolvía
a agradecer la oferta y buen deseo,
vi a Glaura que sin tiento arremetía
diciendo: «¡Oh justo Dios!, ¿qué es lo que veo?
¿Eres mi dulce esposo? ¡Ay, vida mía!
En mis brazos te tengo y no lo creo:
¿Qué es esto? ¿Estoy soñando o estoy despierta?
¡Ay, que tan grande bien no es cosa cierta!»
  Yo atónito de tal acaecimiento,
alegre tanto dél como admirado,
visto de Glaura el mísero lamento
en felice suceso rematado,
no habiendo allí lugar de cumplimiento
por ser revuelto el tiempo y limitado,
dije: «Amigos, a Dios; y lo que puedo,
que es daros libertad, yo os la concedo».
  Sin otro ofrecimiento ni promesa
piqué al caballo, que salió ligero,
pero aunque más los indios me den priesa,
quiero, Señor, que aquí sepáis primero
cómo a la entrada de la selva espesa
Cariolán vino a ser mi prisionero,
cuando medrosa de perder la vida
en el tronco quedó Glaura escondida.
  Sabed, sacro Señor, que yo venía
con algunos amigos y soldados,
después de haber andado todo el día
en busca de enemigos desmandados;
mas ya que a nuestro asiento me volvía
con diez prisiones bárbaros atados,
a la entrada de un monte y fin de un llano
descubrimos muy cerca a Cariolano.
  Corrió luego sobre él toda la gente

pensando que alas le prestara el miedo,
pero con gran desprecio y alta frente,
apercibiendo el arco estuvo quedo.
Llegando, pues, a tiro diestramente
hirió a Francisco Osorio y Acebedo,
arrancando una daga, desenvuelto
el largo manto al brazo ya revuelto.
   Tanta fue la destreza, tanto el arte
del temerario bárbaro araucano,
que no fue el gran tropel de gente parte
a que dejase un solo paso el llano;
que saltando de aquella y desta parte
todos los golpes hizo dar en vano,
unos hurtando el cuerpo desmentidos,
otras del manto y daga rebatidos.
   Yo, que ver tal batalla no quisiera,
al animoso mozo aficionado,
en medio me lancé diciendo: «¡Afuera,
caballeros, afuera, haceos a un lado!,
que no es bien que el valiente mozo muera,
antes merece ser remunerado,
y darle así la muerte ya sería
no esfuerzo ni valor, mas villanía».
   Todos se detuvieron conociendo
cuán mal el acto infame les estaba;
solo el indio no cesa, pareciendo
que de alargar la vida le pesaba.
Al fin la daga y paso recogiendo,
pues ya la cortesía le obligaba,
revuelto a mí me dijo: «¿Qué te importa
que sea mi vida larga o que sea corta?
   Pero de mí será reconocida
la obra pía y voluntad humana:
pía por la intención, pero entendida

se puede decir impía y inhumana,
que a quien ha de vivir mísera vida
no le puede estar mal muerte temprana,
así que en no matarme, como digo,
cruel misericordia usas conmigo.
   Mas porque no me digan que ya niego
haber de ti la vida recebido,
me pongo en tu poder y así me entrego
a mi fortuna mísera rendido».
Esto dicho la daga arrojó luego
doméstico el que indómito había sido,
quedando desde allí siempre conmigo
no en figura de siervo, mas de amigo.
   Ya el ejercicio y belicoso estruendo
de las armas y voces resonaban.
Unos van en montón allá corriendo,
otros acá socorro demandaban.
Era la senda estrecha y no pudiendo
ir atrás ni adelante, reparaban
que el bagaje, la chusma y el ganado
tenía impedido el paso y ocupado.
   Es el camino de Purén derecho
hacia la entrada y paso del Estado;
después va en forma oblica largo trecho
de dos ásperos cerros apretado,
y vienen a ceñirle en tanto estrecho
que apenas pueden ir dos lado a lado,
haciendo aun más angosta aquella vía
un arroyo que lleva en compañía.
   Así a trechos en partes del camino
revueltos unos y otros voceando,
andaban en confuso remolino,
la tempestad de tiros reparando.
No basta de la pasta el temple fino,

grebas, petos, celadas abollando
la furia que zumbaba a la redonda
de galga, lanza, dardo, flecha y honda.
  Unos al suelo van descalabrados
sin poder en las sillas sostenerse;
otros, cual rana o sapo, aporreados
no pueden aunque quieren removerse;
otros a gatas, otros derrengados,
arrastrando procuran acogerse
a algún reparo o hueco de la senda
que de aquel torbellino los defienda;
  que en este paso estrecho el enemigo,
la gente y munición por orden puesta,
tenía a nuestros soldados, como digo,
de ventaja las piedras y la cuesta
donde puedo afirmar como testigo
que era la lluvia tan espesa y presta
de las piedras, que, cierto, parecía
que el cerro abajo en piezas se venía.
  Como cuando se vee el airado cielo
de espesas nubes lóbregas cerrado
querer hundir y arruinar el suelo,
de rayos, piedra y tempestad cargado;
las aves mata en medio de su vuelo,
la gente, bestias fieras y ganado
buscan, corriendo acá y allá perdidas,
los reparos, defensas y guaridas,
  así los españoles constreñidos
de aquel granizo y tempestad furiosa
buscan por todas partes mal heridos
algún árbol o peña cavernosa,
do reparados algo y defendidos
con la virtud antigua generosa,
cobrando nuevo esfuerzo y esperanza,

a la vitoria aspiran y venganza.
   Y desde allí con la presteza usada
las apuntadas miras asestando,
les comienzan a dar una rociada,
muchos en poco tiempo derribando.
Ya por la áspera cuesta derrumbada
venían cuerpos y peñas volteando
con un furor terrible y tan estraño
que muertos aun hacían notable daño.
   Así andaba la cosa entre tanto
que en esta estrecha plaza peleaban,
con no menor revuelta al otro canto
donde mayores voces resonaban.
Se habían los indios desmandado tanto
que ya el bagaje y cargas saqueaban,
haciendo grande riza y sacrificio
en la gente de guarda y de servicio.
   Quién con carne, con pan, fruta o pescado
sube ligeramente a la alta cumbre;
quién de petaca o de fardel cargado
corre sin embarazo y pesadumbre.
Del alto y bajo, de uno y otro lado
al saco acude allí la muchedumbre,
cual banda de palomas al verano
suele acudir al derramado grano.
   Viéndonos ya vencidos sin remedio
por la gran multitud que concurría,
procuré de tentar el postrer medio
que en nuestra vida y salvación había;
y así rompiendo súbito por medio
de la revuelta y empachada vía,
llegué do estaban hasta diez soldados
en un hueco del monte arrinconados,
   diciéndoles el punto en que la guerra

andaba de ambas partes tan reñida
que, ganada la cumbre de la sierra,
la vitoria era nuestra conocida;
porque toda la gente de la tierra
andaba ya en el saco embebecida,
y solo en ver así ganado el alto
los bastaba a vencer el sobresalto.
 Luego, resueltos a morir de hecho,
todos los once juntos, de cuadrilla
los caballos lanzamos al repecho,
cada cual solevado alto en la silla;
y aunque el fragoso cerro era derecho,
por la tendida y áspera cuchilla
llegamos a la cumbre deseada,
de breña espesa y árboles poblada.
 Saltamos a pie todos al momento,
que ya allí los caballos no prestaban,
que llenos de sudor, faltos de aliento,
no pudiendo moverse, ijadeaban;
donde sin dilación ni impedimento
al lado que los indios más cargaban,
en un derecho y gran derrumbadero,
nos pusimos a vista y caballero,
 dándoles una carga de repente
de arcabuces y piedras, que os prometo
que aunque llevó de golpe mucha gente,
hizo el súbito miedo más efeto.
Y así remolinando torpemente,
les pareció, según el grande aprieto,
moverse en contra dellos cielo y tierra,
viendo por alto y bajo tanta guerra.
 Luego con animosa confianza
en nuestra ayuda algunos arribaron
que, deseosos de áspera venganza,

el daño y miedo en ellos aumentaron
tanto que ya perdida la esperanza,
a retirarse algunos comenzaron
poniendo prestos pies en la huida,
remedio de escapar la ropa y vida.
 Cuál por aquella parte, cuál por ésta,
cargado de fardel o saco guía;
cuál por lo más espeso de la cuesta
arrastrando el ganado se metía.
Cuál con hambre y codicia deshonesta
por solo llevar más se detenía,
costando a más de diez allí la vida
la carga y la codicia desmedida.
 Así la fiesta se acabó, quedando
saqueados en parte y vencedores
la vitoria y honor solennizando
con trompetas, clarines y atambores,
al rumor de las cuales caminando
con buena guardia y diestros corredores,
llegamos al real todos heridos
donde fuimos con salva recebidos.
 Los bárbaros a un tiempo retirados
por un áspero risco y monte espeso
se fueron a gran paso, consolados
con el sabroso robo, del suceso;
y adonde estaba el General llegados,
(que sabido el desorden y el exceso
que rindió la vitoria al enemigo)
hizo de algunos ejemplar castigo.
 Y habiendo en Talcamávida juntado
del destrozado campo el remanente,
a consultar las cosas del Estado
llamó a la principal y digna gente
donde, después de haber allí tratado

de lo más importante y conveniente,
les dijo libremente todo cuanto
podrá ver quien leyere el otro canto.

Canto XXIX

Entran los araucanos en nuevo consejo; tratan de quemar sus haciendas. Pide Tucapel que se cumpla el campo que tiene aplazado con Rengo; combaten los dos en estacado brava y animosamente

¡Oh, cuánta fuerza tiene!; ioh cuánto incita
el amor de la patria, pues hallamos
que en razón nos obliga y necesita
a que todo por él lo pospongamos!
Cualquier peligro y muerte facilita:
al padre, al hijo, a la mujer dejamos
cuando en trabajo a nuestra patria vemos,
y como a más parienta la acorremos.
  Buen testimonio desto nos han sido
las hazañas de antiguos señaladas,
que por la cara patria han convertido
en sus mismas entrañas las espadas,
y su gloriosa fama han estendido
las plumas de escritores celebradas,
Mario, Casio, Filón, Cosdro Ateniense
Régulo, Agesilao y el Uticense.
  Entrar, pues, en el número merece
esta araucana gente, que con tanta
muestra de su valor y ánimo ofrece
por la patria al cuchillo la garganta,
y en el firme propósito parece
que ni rigor de hado y toda cuanta
fuerza pone en sus golpes la fortuna
en los ánimos hace mella alguna.
  Que habiendo en solo tres meses perdido
cuatro grandes batallas de importancia,
no con ánimo triste ni abatido
mas con valor grandísimo y constancia
estaban, como atrás habéis oído,

en consejo de guerra, haciendo instancia
en darnos otro asalto; mas la mano
tomó diciendo así Caupolicano:
 «Conviene, ¡oh gran Senado religioso!,
que vencer o morir determinemos,
y en solo nuestro brazo valeroso
como último remedio confiemos.
Las casas, ropa y mueble infrutuoso
que al descanso nos llaman, abrasemos,
que habiendo de morir, todo nos sobra
y todo con vencer después se cobra.
 En necesario y justo que se entienda
la grande utilidad que desto viene:
que no es bien que haya asiento en la hacienda
cuando el honor aún su lugar no tiene,
ni es razón que soldado alguno atienda
a más de aquello que a vencer conviene
ni entibie las ardientes voluntades
el amor de las casas y heredades.
 Así que en esta guerra tan reñida
quien pretende descanso, como digo,
piense que no hay más honra, hacienda y vida
de aquella que quitare al enemigo;
que a virtud del brazo conocida
será el rescate y verdadero amigo
pues no ha de haber partido ni concierto,
sino solo matar o quedar muerto».
 Oído allí por los caciques esto,
muchos suspensos sin hablar quedaron
y algunos dellos, con turbado gesto
enarcando las cejas, se miraron;
pero rompiendo aquel silencio puesto,
sobre ello un rato dieron y tomaron,
hallando en su favor tantas razones

que se llevó tras sí las opiniones.
　　Así el valiente Ongolmo, no esperando
que otro en tal ocasión le precediese,
aprueba a voces la demanda, instando
en que por obra luego se pusiese.
Siguió este parecer Purén, jurando
de no entrar en poblado hasta que viese
sin medio ni concierto, a fuerza pura,
su patria en libertad y paz segura.
　　Lincoya y Caniomangue, pues, no fueron
en jurar el decreto perezosos,
que aun más de lo posible prometieron,
según eran gallardos y animosos.
También Rengo y Gualemo se ofrecieron
y los demás caciques orgullosos,
Talcaguán, Lemolemo y Orompello:
hasta el buen Colocolo vino en ello.
　　Resueltos pues, en esto y decretado
según que aquí lo habemos referido,
Tucapelo, que a todo había callado
con gran sosiego y con atento oído,
después del alboroto sosegado
y aquel arduo negocio definido,
puesto en pie levantó la voz ardiente
que jamás hablar pudo blandamente,
　　diciendo: «Capitanes: yo el primero
en lo que el General propone vengo
por parecerme justo; y así quiero
que se abrase y asuele cuanto tengo;
en lo demás, al brazo me refiero,
que si un mes en su fuerza le sostengo,
pienso escoger después a mi contento
el mayor y mejor repartimiento.
　　Y si algún miserable no concede

lo que tan justamente le es pedido,
por enemigo de la patria quede
y del militar orden escluido:
que ya por nuestra parte no se puede
venir a ningún medio ni partido
sin dejar de perder, pues la contienda
es sobre nuestra libertad y hacienda.
  Así que yo también determinado
de seguir vuestros votos y opiniones,
aunque parece en tiempo tan turbado
que muevo nuevas causas y quistiones,
del natural honor estimulado
y por otras legítimas razones
no puedo ya dejar por ningún arte
de echar del todo un gran negocio a parte.
  Ya tendréis en memoria el desafío
que Rengo y yo tenemos aplazado;
asimismo el que tuve con su tío
que quiso más morir desesperado.
Viendo el gran deshonor y agravio mío
y cuánto a mi pesar se ha dilatado
quiero, sin esperar a más rodeo,
cumplir la obligación y mi deseo.
  Que asaz gloria y honor Rengo ha ganado
entre todas las gentes, pues se trata
que conmigo ha de entrar en estacado
y así vanaglorioso lo dilata;
mas yo, de tanta dilación cansado,
pues que cada ocasión lo desbarata,
pido que nuestro campo se fenezca,
que no es bien que mi crédito padezca.
  Pues ya Peteguelén, viejo imprudente,
con aparencia de ánimo engañosa,
a morir se arrojó entre tanta gente

por parecerle muerte más piadosa,
y así se me escapó mañosamente,
que fue puro temor y no otra cosa,
pues si ambición de gloria le moviera
de mi brazo la muerte pretendiera.
   También Rengo, de industria, cauteloso,
anda en los enemigos muy metido,
buscando algún estorbo o modo honroso
que le escuse cumplir lo prometido,
y debajo de muestra de animoso
procura de quedar manco o tullido
y para combatir no habilitado,
glorioso con me haber desafiado».
   Así hablaba el bárbaro arrogante,
cuando el airado Rengo, echando fuego,
sin guardar atención, se hizo adelante
diciendo: «La batalla quiero luego,
que ni tu muestra y fanfarrón semblante
me puede a mí causar desasosiego;
las armas lo dirán y no razones
que son de jatanciosos baladrones».
   Arremetiera Tucapel, si en esto
Caupolicán, que a tiempo se previno,
con presta diligencia en medio puesto,
la voz no le atajara y el camino,
y con severa muestra y grave gesto
reprehendiendo el loco desatino,
por rematar entre ellos la porfía
concedió a Tucapel lo que pedía.
   Pues el campo y el plazo señalado
que fue para de aquel en cuatro días,
nacieron en el pueblo alborozado
sobre el dudoso fin muchas porfías.
Quién apostaba ropa, quién ganado,

quién tierras de labor, quién granjerías;
algunos, que ganar no deseaban,
las usadas mujeres apostaban.
 Cercaron una plaza de tablones
en un esento y descubierto llano,
donde los dos indómitos varones
armados combatiesen mano a mano,
publicando en pregón las condiciones
por el estilo y término araucano,
para que a todos manifiesto fuese
y ninguno inorancia pretendiese.
 Llegado el plazo, al despuntar del día
con gran gozo de muchos esperado,
luego la bulliciosa compañía
comenzó a rodear el estacado.
Era tal el aprieto, que no había
árbol, pared, ventana ni tejado
de donde descubrirse algo pudiese
que cubierto de gente no estuviese.
 El Sol algo encendido y perezoso
apenas del oriente había salido,
cuando por una parte el animoso
Tucapel asomó con gran ruido;
por otra, pues, no menos orgulloso,
al mismo tiempo aparecer se vido
el fantástico Rengo muy gallardo,
ambos con fiera muestra y paso tardo.
 Las robustas personas adornadas
de fuertes petos dobles relevados,
escarcelas, brazales y celadas,
hasta el empeine de los pies armados;
mazas cortas de acero barreadas
gruesos escudos de metal herrados,
y al lado izquierdo cada cual ceñido

un corvo y ancho alfanje guarnecido.
   Tenía, Señor, la plaza a cada parte
puertas como palenque de torneo,
por las cuales el uno y otro Marte
entran en ancho círculo y rodeo.
Después que con vistoso y gentil arte
su término acabaron y paseo,
airoso cada cual quedó a su lado
dentro de la gran plaza y estacado.
   Hecho por los padrinos el oficio,
cual se requiere en actos semejantes,
quitando todo escrúpulo y indicio
de ventaja y cautelas importantes,
cesó luego el estrépito y bullicio
en todos los atentos circunstantes,
oyendo el són de la trompeta en esto
que robó la color de más de un gesto.
   Luego los dos famosos combatientes
que la tarda señal solo atendían,
con bizarros y airosos continentes
en paso igual a combatir movían;
y descargando a un tiempo los valientes
brazos, de tales golpes se herían,
que estuvo cada cual por una pieza
sobre el pecho inclinada la cabeza.
   Redoblan los segundos de manera
que aunque fueron pesados los primeros,
si tal reparo y prevención no hubiera,
no llegara el combate a los terceros,
¡Quién por estilo igual decir pudiera
el furor destos bárbaros guerreros,
viendo el valor del mundo en ellos junto
y la encendida cólera en su punto!
   Fue de tal golpe Tucapel cargado

sobre el escudo en medio de la frente,
que quedó por un rato embelesado,
suspensos los sentidos y la mente.
Llegó Rengo con otro apresurado
pero salió el efeto diferente,
que el estruendo del golpe y dolor fiero
le despertó del sueño del primero.
　Serpiente no se vio tan venenoso
defendiendo a los hijos en su nido,
como el airado bárbaro furioso,
más del honor que del dolor sentido;
así fuera de término rabioso,
de soberbia diabólica movido,
sobre el gallardo Rengo fue en un punto,
descargando la rabia y maza junto.
　Salióle al fiero Rengo favorable
aquel furor y acelerado brío;
que la ferrada maza irreparable
el grueso estremo descargó en vacío;
fue el golpe, aunque furioso, tolerable,
quitándole la fuerza el desvarío,
que a cogerle de lleno, yo creyera
que con él el combate feneciera.
　Mas aunque fue al soslayo, el araucano
se fue un poco al través desvaneciendo;
al fin puso en el suelo la una mano,
sostener la gran carga no pudiendo;
pero viendo el peligro no liviano,
sobre el fuerte contrario revolviendo,
con su desenvoltura y maza presta
le vuelve aun más pesada la respuesta.
　Era cosa admirable la fiereza
de los dos en valor al mundo raros,
la providencia, el arte, la destreza,

las entradas, heridas y reparos;
tanto que temo ya de mi torpeza
no poder por sus términos contaros
la más reñida y singular batalla,
que en relación de bárbaros se halla.
　Así el fiero combate igual andaba
y el golpear de un lado y de otro espeso,
que el más templado golpe no dejaba
de magullar la carne o romper hueso;
el aire cerca y lejos retumbaba
lleno de estruendo y de un aliento grueso,
que era tanto el rumor y batería
que un ejército grande parecía.
　Dio el fuerte Rengo un golpe a Tucapelo,
batiéndole de suerte la celada,
que vio lleno de estrellas todo el suelo
y la cabeza le quedó atronada;
pero en sí vuelto, blasfemando al cielo,
con aquella pujanza aventajada
hirió tan presto a Rengo al desviarse
que no tuvo lugar de repararse.
　Cayó el pesado golpe en descubierto,
cargando a Rengo tanto la cabeza
que todos le tuvieron ya por muerto
y estuvo adormecido una gran pieza;
mas del peligro y del dolor despierto
la abollada celada se endereza
y sobre Tucapel furioso aguija,
que la maza rompió por la manija.
　Mas viéndole sin maza en esta guerra
(que en dos trozos saltó lejos quebrada),
la suya con desprecio arroja en tierra,
poniendo mano a la fornida espada;
en esto Tucapel otra vez cierra,

la suya fuera en alto levantada
mas Rengo, hurtando el cuerpo a la una mano,
hizo que descargase el golpe en vano.
   Llegó el cuchillo al suelo y gran pedazo
aunque era duro, en él quedó enterrado,
y en este impedimento y embarazo
fue Tucapel herido por un lado
de suerte que el siniestro guardabrazo
con la carne al través cayó cortado,
y procurando segundar no pudo,
que vio calar el gran cuchillo agudo.
   Debajo del escudo recogido
Rengo el desaforado golpe espera,
el cual fue en dos pedazos dividido
con la cresta de acero y la mollera.
El bárbaro quedó desvanecido
y por poco en el suelo se tendiera,
mas el esfuerzo raro y ardimiento
venció al grave dolor y desatiento.
   No por esto medroso se retira
antes hacer cruda venganza piensa
y así lleno de rabia, ardiendo en ira
acrecentada por la nueva ofensa,
furioso de revés un golpe tira
con la estrema pujanza y fuerza inmensa,
que a no topar tan fuerte la armadura,
le dividiera en dos por la cintura.
   Metióse tan adentro que no pudo
salir del enemigo ya vecino
por lo cual, arrojando el roto escudo,
valerse de los brazos le convino.
Tucapel, que robusto era y membrudo,
al mismo tiempo le salió al camino,
echándole los suyos de manera

que un grueso y duro roble deshiciera.
　　Pero topó con Rengo, que ninguno
le llevaba ventaja en la braveza:
de diez, de seis, de dos él era el uno
de más agilidad y fortaleza.
Llegados a las presas, cada uno
con viva fuerza y con igual destreza,
tientan y buscan de una y de otra parte
el modo de vencer la industria y arte.
　　Así que pecho a pecho forcejando
andaban con furioso movimiento,
tanto los duros brazos añudando
que apenas recebir pueden aliento,
y al arte nuevas fuerzas ayuntando,
aspira cada cual al vencimiento,
procurando por fuerza, como digo,
de poner en el suelo al enemigo.
　　Era, cierto, espectáculo espantoso
verlos tan recia y duramente asidos,
llenos de sangre y de un sudor copioso
los rostros y los ojos encendidos;
el aliento ya grueso y presuroso,
el forcejar, gimir y los ronquidos
sin descansar un punto en todo el día
ni haber ventaja alguna o mejoría.
　　Mas Tucapel ardiendo en viva saña,
teniéndose por flojo y afrentado,
ara y revuelve toda la campaña,
cargando recio deste y de aquel lado.
Rengo con gran destreza y cauta maña,
recogido en su fuerza y reportado,
su opinión y propósito sostiene
y en igual esperanza se mantiene.
　　Viendo, pues, al contrario algo metido,

le quiso rebatir el pie derecho
mas Tucapel, a tiempo recogido,
lo suspende de tierra sobre el pecho,
y entre los duros músculos ceñido
le estremece, sacude y tiene estrecho
tanto, que con el recio apretamiento
no le deja tomar tierra ni aliento.
 Creyendo de aquel modo, fácilmente
dar fin al hecho y rematar la guerra,
Rengo, que era destrísimo y valiente,
hizo con fuerza pie cobrando tierra,
y de rabiosa cólera impaciente
de un fuerte rodeón se desafierra,
llevándose en las manos apretado
cuanto en la dura presa había agarrado.
 Fue Tucapel un rato descompuesto
dando al un lado y otro zancadillas,
y Rengo de la fuerza que había puesto
hincó en el suelo entrambas las rodillas.
Ambos corrieron a las armas presto,
rajando los escudos en astillas
con tempestad de golpes presurosos,
más fuertes que al principio y más furiosos.
 Estaban los presentes admirados
de aquel duro tesón y valentía,
viéndolos en mil partes ya llagados
y la sangre que el suelo humedecía;
los arneses y escudos destrozados
y que ningún partido y medio había
sino solo quedar el uno muerto
aunque morir los dos era más cierto.
 Dio Rengo a Tucapel una herida,
cogiéndole al soslayo la rodela
que, aunque de gruesos cercos guarnecida,

entró como si fuera blanda suela.
No quedó allí la espada detenida,
que gran parte cortó de la escarcela
y un doble zaragüel de ñudo grueso,
penetrando la carne hasta el hueso.
  No se vio corazón tan sosegado
que no diese en el pecho algún latido
viendo la horrenda muestra y rostro airado
del impaciente bárbaro ofendido
que, el roto escudo lejos arrojado,
de un furor infernal ya poseído,
de suerte alzó la espada que yo os juro
que nadie allí pensó quedar seguro.
  ¡Guarte, Rengo, que baja, guarda, guarda,
con gran rigor y furia acelerada
el golpe de la mano más gallarda
que jamás gobernó bárbara espada!
Mas quien el fin deste combate aguarda
me perdone si dejo destroncada
la historia en este punto, porque creo
que así me esperará con más deseo.

   Fin

Libros a la carta

A la carta es un servicio especializado para
empresas,
librerías,
bibliotecas,
editoriales
y centros de enseñanza;
y permite confeccionar libros que, por su formato y concepción, sirven a los propósitos más específicos de estas instituciones.

Las empresas nos encargan ediciones personalizadas para marketing editorial o para regalos institucionales. Y los interesados solicitan, a título personal, ediciones antiguas, o no disponibles en el mercado; y las acompañan con notas y comentarios críticos.

Las ediciones tienen como apoyo un libro de estilo con todo tipo de referencias sobre los criterios de tratamiento tipográfico aplicados a nuestros libros que puede ser consultado en Linkgua-ediciones.com.

Linkgua edita por encargo diferentes versiones de una misma obra con distintos tratamientos ortotipográficos (actualizaciones de carácter divulgativo de un clásico, o versiones estrictamente fieles a la edición original de referencia).

Este servicio de ediciones a la carta le permitirá, si usted se dedica a la enseñanza, tener una forma de hacer pública su interpretación de un texto y, sobre una versión digitalizada «base», usted podrá introducir interpretaciones del texto fuente. Es un tópico que los profesores denuncien en clase los desmanes de una edición, o vayan comentando errores de interpretación de un texto y esta es una solución útil a esa necesidad del mundo académico.

Asimismo publicamos de manera sistemática, en un mismo catálogo, tesis doctorales y actas de congresos académicos, que son distribuidas a través de nuestra Web.

El servicio de «libros a la carta» funciona de dos formas.

1. Tenemos un fondo de libros digitalizados que usted puede personalizar en tiradas de al menos cinco ejemplares. Estas personalizaciones pueden ser de todo tipo: añadir notas de clase para uso de un grupo de estudiantes,

introducir logos corporativos para uso con fines de marketing empresarial, etc. etc.

2. Buscamos libros descatalogados de otras editoriales y los reeditamos en tiradas cortas a petición de un cliente.

www.ingramcontent.com/pod-product-compliance
Lightning Source LLC
LaVergne TN
LVHW041248080426
835510LV00009B/639